MARC SANGNIER

Lutte
pour la
Démocratie

DEUXIÈME ÉDITION

*Librairie académique PERRIN et C*ⁱᵉ*.

LA
LUTTE POUR LA DÉMOCRATIE

DU MÊME AUTEUR

L'Esprit démocratique (7ᵉ *édition*), 1 vol. in-16 . . .   3 50

La Vie profonde (3ᵉ *édition*), 1 vol. in-16 . . . . . .   3 50

ÉMILE COLIN ET Cⁱᵉ — IMPRIMERIE DE LAGNY

MARC SANGNIER

La Lutte pour la Démocratie

PARIS
LIBRAIRIE ACADÉMIQUE
PERRIN ET Cⁱᵉ, LIBRAIRES-ÉDITEURS
35, QUAI DES GRANDS-AUGUSTINS, 35
1908
Tous droits de reproduction et de traduction réservés pour tous pays.

Octobre 1907.

C'est au milieu même du combat que nous avons écrit ces lignes. Elles n'ont d'autre unité que celle de notre vie, d'autre lien que celui des événements qui agitent notre pays et troublent la conscience de la France.

Nous avons été trop mêlé nous-même aux angoisses que nous décrivons et aux luttes que nous racontons pour avoir pu essayer l'analyse froide et bien ordonnée de l'historien. Tout au moins trouvera-t-on dans ce livre l'ardeur non encore attiédie de la bataille et la sincérité d'un témoignage loyal.

Sans doute, nous ne prétendons pas

avoir écrit sans passion ; mais nous espérons qu'on nous rendra cette justice que notre passion était désintéressée et que les coups si durs que nous avons reçus de droite comme de gauche ne sont pas parvenus à courber notre regard et à nous empêcher de lever toujours les yeux en haut, et de fixer le but.

L'expérience se charge tous les jours de montrer combien étaient cruellement justes celles de nos observations et de nos prévisions qui ont soulevé le plus de colères.

Puisse l'avenir montrer bientôt que nos espérances n'étaient pas moins légitimes !

M S.

PREMIÈRE PARTIE

LA RÉVOLUTION SOCIALE

I

LES PAUVRES

C'est une mode dans certains milieux même chrétiens, mais qui se donnent pour très avancés et très modernes, de médire de l'aumône.

Certes, on a raison de parler de justice sociale et de proclamer énergiquement que la charité des riches est insuffisante à résoudre les angoissants problèmes économiques qui se posent aujourd'hui. Certes, c'est à bon droit que l'on flétrit cette aumône hypocrite et intéressée qui n'a d'autre but que d'acheter les consciences ou de retarder l'éventualité effrayante des révolutions.

De même, peut-on ne pas condamner cette coupable fourberie du mendiant, obséquieux devant son bienfaiteur mais dont le cœur est plein de rancune et de haine, ou qui se fait de sa pauvreté un métier facile et lucratif?

... Et, cependant, comment ne pas se sentir ému d'une mystérieuse et profonde admiration en présence de cette merveille divine que l'amour du Christ est parvenu à faire de l'aumône.

Comme nous sommes loin des clameurs de la plèbe romaine affamée et sensuelle qui réclamait du pain et des cirques, et du geste égoïste et hautain du César qui jetait à la populace de l'or et des plaisirs, dans le seul dessein de soutenir son pouvoir, et d'être adoré comme un dieu!

L'Église a réhabilité le pauvre à ses propres yeux et aux yeux mêmes du monde scandalisé, au point que saint François d'Assise, le grand réformateur social du XIIIe siècle, ne voulait d'autre épouse que dame Pauvreté, et que, au milieu du rayonnement de gloire du règne de Louis XIV, Bossuet ne craignait pas de parler de l'éminente dignité des pauvres et osait affirmer que les riches n'entreraient après leur mort dans le royaume de Dieu que si, durant leur vie, ils avaient « fait la cour aux pauvres. »

Emportés que nous sommes par nos rêves de Démocratie future, acculés aux exigeantes nécessités d'une lutte sans merci contre des adversaires acharnés qui nous serrent de près et refusent même toutes les alliances que nous leur proposons sur les terrains où ils sont d'accord avec nous, dans le feu de la mêlée et dans l'ardeur du corps-à-corps, nous ne prenons pas assez le temps de nous élever au-dessus des étroites limites du combat où nous sommes engagés pour regarder plus loin et avec plus de sérénité, pour comprendre des états d'esprit qui ne sont plus les nôtres, pour reconnaître ce qu'ils ont de généreux et de noble et pour rendre hommage à la vertu partout où nous la rencontrons.

On raille trop aisément aujourd'hui la simple et compatissante bonté qui, ignorante des savants problèmes de l'économie politique, se contente de donner du pain et des vêtements à ceux qui n'en ont pas, pour l'amour de Dieu.

On oublie trop aisément qu'au Jour du Jugement le Christ ne dira pas aux élus : « Vous avez fait des travaux érudits sur la science sociale, d'éloquentes conférences, des syndicats puissants, des coopératives prospères », mais tout simplement : « J'ai eu faim et vous m'avez donné à manger, j'étais nu et vous m'avez vêtu... Venez, les bénis de mon Père ».

Sans doute, les organisations politiques et sociales se modifient sans cesse et varient à l'infini suivant les temps et suivant les lieux. Toujours, cependant, et quelque perfectionnées que soient les civilisations, de quelque bonheur matériel que puisse être appelé à jouir le grand nombre, il y aura des détresses physiques, des angoisses morales, et toujours la charité devra se pencher vers les plus faibles, vers les plus douloureux, pour les soigner et pour les consoler.

Il ne faudrait pas que notre soif de justice et notre désir d'égalité nous fissent rêver d'une société froide et desséchée, sans entrailles pour les vaincus de la vie, sans rémission pour les coupables et que n'éclairerait plus le sourire rédempteur de la charité du Christ.

Sans doute, nous espérons qu'un heureux développement de la conscience et de la responsabilité prolétariennes parviendra à amener la suppression du salariat, mais nous ne nous dissimulons pas que le régime économique nouveau n'arrivera pas à détruire les exigences de la concurrence, et que la charité envers les plus petits sera peut-être moins facile, alors que dans les groupements d'ouvriers associés et égaux on sera tenté d'éliminer impitoyablement les moins capables ou les moins productifs, sans que ceux-ci aient dans une solidarité ouvrière très vivement ressentie un recours tout au moins contre la dureté d'un patron qui n'existera plus.

Plus qu'aucune autre, la société future devra être imprégnée de charité, si l'on ne veut pas que ses progrès eux-mêmes n'écrasent, de leur poids trop lourd, des hommes insuffisamment préparés moralement à les supporter, et que ceux-ci ne souffrent autant et plus cruellement encore sans doute dans cette barbarie nouvelle que serait pour eux une civilisation tyrannique sans idéal et sans amour.

Donc, ne craignons pas d'éveiller avec admiration et reconnaissance dans nos âmes recueillies l'image des pieuses aïeules qui faisaient l'aumône comme un acte religieux, nous apprenaient, quand nous étions tout petits, à respecter le pauvre ainsi que Jésus-Christ lui-même, et comme récompense lorsque nous avions été bien sages nous donnaient un gros sou que nous allions timidement déposer dans la main tendue du vieil infirme à la porte de l'église.

Sachons apprécier ce présent si absolument désintéressé et qui n'attirera certes pas même la reconnaissance de l'inconnu à qui on le fait. Admirons cette merveilleuse égalité qui, par-dessus les instincts et les attraits naturels, fait de tous les hommes des égaux devant Dieu. Que dis-je? C'est plutôt une mystique inégalité qui, tendant à renverser l'ordre des inégalités naturelles, met le plus pauvre au-dessus du plus riche, le plus misérable au-dessus du plus puissant.

... Et ce ne sont pas là seulement opinions théoriques, impuissantes à jamais faire sentir dans la pratique leur bienfaisante influence. L'histoire nous fournit les types les plus variés et pour ainsi dire les plus opposés de sainteté. Mais un trait cependant leur est commun : tous les saints ont aimé les pauvres. Les grands chrétiens, même ceux que leur goût, leur tempérament, leur vocation propre paraissaient devoir attirer ailleurs, ont toujours eu pour les membres souffrants de Jésus-Christ une tendresse privilégiée qui est comme le parfum spécifique de toutes les vertus chrétiennes. Pascal, le mathématicien, le philosophe dont le génie, comme dégagé d'un corps infirme, semblait fait pour vivre dans le monde sublime des idées, suppliait quelques semaines avant sa mort qu'on le portât à l'hôpital ; et, comme on ne voulait le lui accorder, il obtint cependant qu'on lui donnât la compagnie d'un pauvre malade que les siens acceptèrent de soigner avec les mêmes égards que lui-même.

Il est réconfortant et sûr, alors que tout autour de nous évolue et se transforme, de saisir, sous les apparences qui se succèdent, le sentiment profond qui est immuable. Attachons-nous à découvrir le point sacré par où, à travers tous les temps et tous les lieux, se rattachent les efforts des hommes de bonne volonté. Élargissons notre regard jusqu'aux horizons éternels. Et sous les formes changeantes de l'aumône, sachons reconnaître la charité qui demeure.

II

LES PATRONS

On a dit que nous étions contre les patrons. Ce n'est pas vrai.

On a dit que, pour flatter les ouvriers et par je ne sais quelle manie de la surenchère, nous parlions aux foules le langage d'un socialisme mystique, plus utopique encore que l'autre. On a prétendu que nous prêchions la révolte contre toute autorité et que nous voulions que tout pouvoir économique ou politique appartînt également aux plus capables et aux moins compétents, aux plus dignes et aux moins conscients. Cela est encore plus faux.

Nous savons, au contraire, quelle est la noblesse et la grandeur de la fonction patronale. Nous savons aussi quelles lourdes charges pèsent bien souvent sur le patron. Il ne faut pas, en effet, dans la plupart des cas, confondre celui-ci avec le rentier oisif qui n'a, pour vivre dans l'abondance et peut-être dans l'inutilité et la malfaisance, qu'à prendre la peine de toucher des coupons et d'encaisser des dividendes. Le vrai patron travaille. Il porte tout le poids de l'entreprise. Tandis que l'ouvrier, sa journée une fois finie et son salaire reçu, connaît au moins quelques heures de répit, le patron, lui, a sans cesse le souci du succès, la crainte de ne pas pouvoir tenir ses engagements, parfois l'effroi de la faillite.

C'est lui la tête et comme le cerveau de l'usine. S'il est bon, s'il aime vraiment ses ouvriers et s'il est aimé d'eux, il peut en être le cœur.

En tout cas, il a l'initiative, il a les risques. Son sort n'est certes souvent pas enviable. Plus d'un ouvrier intelligent devenu petit patron, ayant acheté un fonds à crédit et contraint, pendant quinze ou vingt ans peut-être, toutes les belles années de sa vigueur intellectuelle et physique, de peiner avec un acharnement opiniâtre pour arriver à payer ses dettes, pourrait justement envier les forts salaires et la sécurité de plusieurs parmi ses anciens camarades. N'importe : il met sa fierté à être patron, parce qu'un patron ne dépend de personne et travaille pour son compte, parce qu'un patron est libre.

Après tout, ne peut-on pas dire que ce sentiment lui fait honneur et que son effort peut se compter parmi ceux qui, s'ils se multiplient, prouvent l'énergie et l'endurance d'une nation ?

Est-ce ce tempérament, cette indépendance, cette vigueur que nous voulons détruire ? S'agit-il de remplacer le patronat par un fonctionnarisme administratif qui étoufferait les initiatives, dégoûterait de toute tentative un peu hardie et briserait les ressorts mêmes de l'activité ? Non, mille fois non ! Nous laissons aux socialistes ce rêve de lâcheté et de découragement. Et nous ne sommes pas socialistes.

Ce que nous voulons, c'est justement, au contraire, qu'un nombre d'hommes chaque jour plus grand puisse s'élever jusqu'à la dignité du patron. Il ne faut pas qu'une toute petite élite et fatalement limitée puisse seule être consciente et responsable dans l'usine : il faut que tous ceux qui en sont capables aient le moyen de s'élever jusque-là. Or, comme l'industrie moderne nécessite des capitaux considérables qui ne peuvent pas être généralement possédés par un seul, il est donc nécessaire que les ouvriers libres et conscients possèdent en commun ces instruments de leur travail.

Voilà la solution démocratique. Elle est à l'inverse de la solution étatiste.

Il ne s'agit pas comme on le voit de détruire l'autorité patronale, mais bien, au contraire, d'en rendre participants un nombre toujours croissant d'ouvriers.

Rien de plus légitime, de plus évidemment souhaitable que cette solution démocratique. Ceux-là seuls qui, dans leur égoïsme, ne veulent pas permettre à d'autres qu'eux de s'élever peuvent la condamner.

Il n'est pas non plus de solution plus sage, car, en faisant bien voir au prolétariat que ce n'est pas par une émeute qu'il peut transformer la société, en lui faisant toucher cette incontestable vérité qu'on ne doit songer à supprimer que ce qu'on est à même de remplacer, elle le détourne des infécondes et sanglantes aventures et dirige toute son ardeur révolutionnaire vers une réforme morale et vers la conquête des vertus indispensables à ses glorieux projets.

Nous sommes convaincu qu'il sera impossible aux hommes de bonne foi qui nous liront de ne pas approuver ce programme.

— Mais cela est trop difficile, s'écrieront-ils peut-être. Même en recourant aux forces sociales du christianisme, vous n'arriverez pas à transformer ainsi vos contemporains !

Concédons-leur un instant, s'ils le veulent, que nous ne parviendrons pas à faire une opinion publique capable d'assez d'intelligence et de vertu pour que cette transformation sociale soit universellement réalisable. Tout au moins, nous aurons utilement stimulé les énergies de quelques-uns, et, guidés par l'idéal que nous aurons fait briller devant leurs yeux, ils auront accéléré leur marche en avant.

De même, sur un autre terrain, les moralistes reconnaissent que l'humaine faiblesse n'atteindra jamais à la perfection, et cependant c'est en prêchant une sainteté qu'ils savent bien ne pas être pleinement accessible qu'ils essayent de réformer les mœurs des hommes.

D'ailleurs, la société évoluant sans cesse et créant chaque jour des possibilités sociales nouvelles, tout en rendant plus difficiles les équilibres et les harmonies d'autrefois, il faudra peut-être bientôt de plus héroïques vertus à un patron et à un ouvrier pour qu'ils puissent vivre en bonne intelligence malgré tous les malentendus et toutes les difficultés qui les séparent, qu'à deux coopérateurs associés dans une même entreprise.

On avouera qu'il n'y a dans tout ceci rien de subversif ni de déraisonnable. Du reste, si tant de patrons nous combattent c'est qu'ils ne nous connaissent pas. C'est aussi, sans doute, parce qu'il leur déplaît de supposer, ne serait-ce qu'un instant, que l'on puisse songer à rendre les autres capables des mêmes efforts et de la même dignité qui les honorent. Et cela est à coup sûr un mauvais sentiment.

III

LE MATÉRIALISME IMPUISSANT

Nous avons un Ministère du travail et de la prévoyance sociale, et je m'en félicite.

Son premier titulaire a exposé devant le Parlement le programme d'études et de réformes dont il entend s'inspirer. Il a fait plus. Et, rattachant son effort à toute une philosophie, il n'a pas craint de proclamer qu'il ne poursuivait pas seulement l'amélioration du sort des prolétaires, pas même la transformation de la société capitaliste, mais « une œuvre d'anticléricalisme, une œuvre d'irréligion ».

Cette confusion que les hommes d'État de la troisième République s'étaient toujours, tout au moins en paroles, énergiquement refusés à faire entre la religion et le cléricalisme, voici que le nouveau ministre la consacre officiellement. Empêcher l'idée religieuse de se développer dans l'âme des ouvriers, « arracher les consciences humaines à la croyance », s'opposer à ce que l'on puisse jamais rallumer « des lumières dans le ciel », c'est pour cela que l'on a fondé le ministère du Travail.

M. Viviani a beau répandre à travers ses discours les fleurs distinguées d'une harmonieuse rhétorique, ses premières paroles n'en sont pas moins une très nette et très violente déclaration de guerre à toute idée religieuse.

Au moins, devons-nous reconnaître au ministre le mérite de la franchise. Cet artiste, soucieux seulement de la beauté du langage, semble ne s'être même pas mis en peine de masquer la pitoyable pauvreté de sa philosophie.

« Qu'est-ce que vous voulez répondre, s'écrie-t-il, à un homme qui n'est plus un croyant grâce à nous, que nous avons arraché à la foi, à qui nous avons dit que le ciel était vide de justice, quand il cherche la justice ici-bas ?... »

Et voici ce que répond M. Viviani :

« Accomplissons cette œuvre d'affranchissement et de justice en créant sur cette terre où nous aurons passé demain, une telle accumulation de richesse humaine que soit rendu sans limites le double patrimoine de la patrie et de l'humanité. »

Ainsi donc, les hommes ont soif de Justice, d'Amour, de Vérité ; ils ne peuvent se résigner à l'étroitesse de leur destinée, ils sentent en eux un besoin d'infini qui les tourmente. M. Viviani reconnaît tout cela avec nous. Seulement il a trouvé le moyen de calmer ces angoisses douloureuses, d'endormir ces insatiables appétits du cœur. Il s'agit tout simplement « d'accomplir une accumulation de richesse humaine », et quand les ouvriers travailleront peu, mangeront beaucoup, auront des retraites comme les fonctionnaires et connaîtront toutes les joies placides d'une existence tranquille et sans risques, ils seront heureux et, oublieux des vieilles chimères, ne levant plus les yeux vers les étoiles éteintes, n'en demanderont pas davantage.

Rien ne nous répugne plus que ce pitoyable matérialisme auquel jamais d'ailleurs ne se résoudra l'âme française, si généreuse de tradition et de tempérament. Il y a là cependant un embryon de philosophie, et un esprit logique assez vigoureux pour aller jusqu'au bout pourrait en déduire quelque chose de cohérent. M. Viviani ne l'ose pas.

Ce socialiste qui refuse d'accepter la discipline du Parti est, en effet, un éclectique et ne voudrait, pour rien au monde, appauvrir sa sensibilité sociale de quelques impressions, son style de quelques images. Il veut continuer à dire qu'il faut « réformer la conscience de l'homme, afin qu'il soit digne de l'idéal qu'il porte en lui ». Il veut parler encore de la *Déclaration des droits*, de « l'héritage glorieux des grands ancêtres » ; les mots sonores et sublimes qui entraînent les foules chantent toujours dans sa mémoire.

Cet idéalisme oratoire s'allie mal à cet essai de matérialisme philosophique. M. Viviani ne se préoccupe pas d'être conséquent avec lui-même.

Les syndicalistes de la *Confédération générale du travail*, les Griffuëhles, les Merrheim ont au moins le courage d'être logiques. Ils dénoncent la duperie des mots, traitent M. Viviani comme un simple bourgeois à peine philanthrope, et ne craignent pas, eux, d'affirmer brutalement qu'il faut reléguer la Justice, la Vérité, l'Amour bien loin de la société prolétarienne avec les oripeaux démodés dont les prêtres des religions disparues couvraient leurs mensonges et leurs trafics. Ces nouveaux et sauvages réformateurs ne connaissent pas le Droit mais seulement la Force. Ils se méfient des artifices de la politique, prêchent l'action directe et ne connaissent d'autres ressorts aux activités humaines qu'un désir de jouissance personnelle.

Voilà où conduit la philosophie sociale que M. Viviani vient d'ébaucher au Parlement ; voilà même ce qu'elle est déjà, pour peu qu'on la dépouille des ornements un peu usés déjà dont le nouveau ministre s'est plu à la recouvrir.

Quoi qu'il en soit, les Viviani et les Millerand nous apparaissent comme représentants d'un état d'esprit depuis longtemps déjà dépassé. Il est bien juste qu'ils occupent les tribunes officielles, deviennent ministres et jouissent copieusement du présent, car l'avenir ne leur appartient pas. D'autres combats se préparent dans des régions qu'ils se refusent à explorer, mais que les générations nouvelles ont déjà choisies comme terrain des décisives batailles.

Quelles forces morales seront capables d'élever l'homme assez haut et de le rendre assez énergique pour qu'il puisse concevoir et réaliser la République véritable ? Qui fera la Démocratie ? Voilà le problème qui se pose impérieusement aujourd'hui et que la fondation d'un ministère du Travail, même très anticlérical, est absolument impuissante à résoudre.

Dans ce grand duel qui va mettre aux prises l'esprit chrétien et le néopaganisme aussi bien des syndicalistes partisans de *l'action directe* que de ces nouveaux monarchistes dont la devise est : « *Par tous les moyens* », il n'y aura plus de place pour les contradictions et l'opportunisme de M. Viviani.

Si, toutefois, les socialistes réformistes réalisent quelques utiles réformes de détail et nous dotent de quelques bonnes lois sociales, nous aurions bien mauvaise grâce de ne pas leur en savoir quelque gré. Ils travailleront ainsi à donner aux ouvriers un accroissement de bien-être et une sécurité matérielle que ceux-ci utiliseront pour aborder franchement ce grand problème moral et même religieux dont nulle voix gouvernementale et officielle n'aura jamais la puissance de les détourner.

Nous avons confiance qu'ils refuseront de renoncer à ces profondes croyances, tout à la fois si humaines et si divines, qui seules peuvent rendre raison des exigences de la Démocratie et développer dans le cœur des citoyens cette ardeur disciplinée, fraternelle et confiante qu'elle réclame.

IV

LES VICTOIRES QUI TUENT

La fortune semble vraiment sourire aux conservateurs. Les excès des révolutionnaires ne peuvent que mettre de plus en plus ceux-ci en contradiction avec l'opinion publique ; et, très évidemment, la masse toujours pacifique et peureuse va prendre au sérieux le péril de la *Révolution qui vient.*

Le nouvel esprit que la *Confédération générale du travail* a développé dans certains milieux ouvriers porte maintenant ses fruits de haine. Les *syndicalistes* qui méprisent les habiletés du travail parlementaire doivent sans doute considérer comme des victoires les émeutes que la police ne parvient pas à arrêter, les cortèges que respectent les gendarmes malgré les décisions des préfets, les travailleurs enchaînés, les maisons pillées, les châteaux incendiés. Je comprends fort bien que tout cela sert merveilleusement la cause — au moins pour le moment — de ce petit groupe de violents qui parvient ainsi à terroriser tous les coins du pays qu'il touche, qui fait reculer devant la fureur de ses assauts la force publique et auquel la frayeur des organes de la bourgeoisie fait une invraisemblable réclame. Tout cela pourtant met en fort incommode posture le socialisme parlementaire, le *Parti unifié* dont les allures deviennent de plus en plus acrobatiques et divertissantes et qui finiront bien par décourager jusqu'à la virtuosité de Jaurès incapable à la fin de faire prendre au sérieux à qui que ce soit cette plaisanterie de l'unification véritable des forces socialistes.

Quant au gouvernement, il fait vraiment par trop piteuse figure. Il a une peur terrible des révolutionnaires. Ceux qui se défendent sont mis en prison, ceux qui attaquent sont laissés en liberté : c'est une nouvelle manière de faire régner l'ordre à Varsovie. Les préfets et les commissaires de police traitent d'égal à égal avec les incendiaires et les assassins ; que dis-je ? ils paraissent plutôt venir prendre leurs ordres. Au reste, si les commissaires ne sont pas sages, messieurs les émeutiers sauront les arrêter et les mettre durant quelques heures en lieu sûr pour leur donner le temps de réfléchir.

M. Clemenceau serait-il donc devenu tout à fait gâteux qu'il manque à ce point d'énergie ? Nous ne le croyons pas. Mais, il faut sauver le *Bloc* ; on a besoin de l'appoint des socialistes parlementaires, et ceux-ci, à cause de l'amusante fiction du *Parti unifié*, ne peuvent pas se désolidariser publiquement d'avec les attentats commis par les syndicalistes contre le droit des gens. Le *Bloc* sent bien le danger de cette nouvelle agitation qui, venant faire suite à celle des inventaires, donne chaque jour de nouvelles chances de succès aux partisans de l'ordre. Certes, les révolutionnaires, dans leur impatience de révolte, sont souverainement impolitiques. Mais c'est que justement les révolutionnaires se moquent de la politique, méprisent les élections.

Ils se placent sur un autre terrain ; et quand on leur parle des exigences de la situation actuelle, ils ne veulent rien entendre. Ils causent à peu près aux gouvernementaux des embarras analogues à ceux que créent à l'opposition les royalistes intransigeants et les réactionnaires impénitents qui ne craignent pas de faire publiquement l'apologie de la Saint-Barthélemy. Il faut bien qu'il y ait partout des gêneurs.

Tout de même, cette révolte des milieux populaires les plus violents contre la sagesse d'un socialisme parlementaire qui se croyait capable de séduire et de domestiquer le prolétariat, n'est pas absolument faite pour nous déplaire. Partout où nous verrons les équivoques crevées, nous en éprouverons de la joie. La Démocratie telle que nous la concevons, ne sera jamais l'œuvre de politiciens. Elle ne peut naître que dans la vérité. Les excès imbéciles des révolutionnaires, leur mépris bestial de la liberté, l'ascendant qu'ils exercent, malgré leur petit nombre, sur une foule chaque jour grandissante de travailleurs, tout cela sont de pénibles vérités, mais ce sont des vérités tout de même : il importe que nous les connaissions. Cela vaut mieux pour nous que de ne découvrir le tempérament du prolétariat socialiste qu'à travers les sages déclarations de M. Millerand.

Les réformistes sociaux pourront bien préparer des lois tant qu'ils voudront, ils n'auront pas fait grand'chose s'ils n'ont pas pénétré les âmes et atteint les consciences. On raille parfois les lenteurs de notre méthode d'éducation démocratique ; je crois que c'est la seule sûre et que c'est encore la plus rapide. On construit peut-être plus vite avec les autres méthodes, mais c'est sur le sable, et l'édifice qui s'écroule sans cesse est toujours à recommencer.

Dans quelques années, quand nos amis auront un peu vieilli, quand le mouvement du *Sillon* aura commencé à pénétrer sérieusement les milieux ouvriers, je crois qu'il y aura quelque chose de changé. Le prolétariat ne sera plus cette masse inconsciente et aveugle que l'on exploite en vue d'intérêts qui lui échappent et dont on se sert pour des desseins qu'elle ignore. Il ne sera pas ce roi mineur que l'on n'a couronné trop tôt que pour plus facilement l'asservir. Il prendra conscience de ses forces et de son âme et se rendra bien compte que le but suprême de son labeur ne doit pas être un égoïste et infécond triomphe de classe, mais bien un effort libre vers un idéal de vie fraternelle.

En attendant, les erreurs de ceux qui ont essayé de faire la Démocratie sans en avoir l'âme, leurs échecs, leur impuissance et la lourde tyrannie qu'ils font peser sur le pays ne laissent pas que de fortifier et de rajeunir chaque jour notre foi en la cause que nous servons.

*
* *

Les événements de Lens qui retinrent si vivement naguère l'attention publique, et l'assaut furieux dirigé par les révolutionnaires intransigeants contre le vieux syndicat ne constituent pas une crise isolée et sans lendemain. Nous pouvons en tirer une philosophie.

Chaque fois que le socialisme se développe, chaque fois qu'il remporte des victoires, il perd son ardeur de révolte, son intensité de vie révolutionnaire. Il apparaît aussitôt comme dilué dans cette société bourgeoise qu'il ne réussit à conquérir qu'en étant du même coup conquis par elle. C'est ainsi que jadis les Romains avaient beau s'emparer de la Grèce, la civilisation de ce petit coin de terre transformait souverainement les vainqueurs et les asservissait à elle.

Les exigences du pouvoir, les nécessités du Gouvernement assagissent les plus turbulents. Les conservateurs intelligents devraient se réjouir de la rapide ascension d'hommes distingués, d'une culture sérieuse, et qui ne risquent de devenir dangereux pour l'ordre social que lorsqu'ils sont méprisés, aigris, relégués par un injuste ostracisme loin des affaires publiques et poussés ainsi, comme malgré eux, aux pires résolutions de violences. La société bourgeoise a fait un coup de maître en associant Millerand au ministère Waldeck. Elle a appauvri d'un chef le parti de la révolution et permis au *réformisme* de faire des conquêtes dans des milieux qu'une implacable haine depuis longtemps lui avait fermés.

De même Briand ministre fera plus de mal à la cause de l'antimilitarisme que tous les discours des grands patriotes, que toutes les ligues d'action française et nationale. Il faut bien maintenant que Briand défende l'armée, assure la discipline, flétrisse Hervé. Et comment faire croire sérieusement au pays qu'il a tort et qu'il n'est qu'un grossier patriotard, lui qui durant longtemps scandalisait les hommes d'ordre par la violence même de ses propos antimilitaristes? On conclura tout simplement que même les esprits les plus hardis, les plus dégagés des vieilles conventions et des routines traditionnelles, s'opposent aux dangereuses tentatives des révolutionnaires assez naïfs pour *croire que c'est arrivé.*

De la sorte, nous continuerons à avoir une littérature socialiste, humanitaire, internationaliste : elle se généralisera même et fera de sensibles progrès. Tout le monde cependant se rendra de plus en plus exactement compte que ce n'est qu'un exercice verbal, une sorte de musique à laquelle les oreilles sont accoutumées. Mais il y aura un fossé de plus en plus profond entre la parole et les actes, et l'action révolutionnaire perdra tout ce qui sera gagné par la phraséologie révolutionnaire.

A Lens, Basly est maire et député. Mais qu'est-ce que cela veut dire, si rien n'est changé dans l'organisation sociale, si les Compagnies peuvent en toute sécurité compter sur le bon sens, la sagesse, la modération du représentant des ouvriers, et si toutes les réformes pratiques que ce socialiste propose et obtient sont de celles qu'un intelligent philanthrope pourrait employer son dévouement à réaliser?

Dans les discours, on parlera toujours de lutte de classes, de socialisme intégral, de révolution. Dans la pratique, on agira tout autrement et comme si le *parti unifié* exigeait seulement que l'on prît bien garde aux incorrections de langage. De même, ne voyons-nous pas chaque jour des catholiques très pratiquants qui répètent des gestes et des paroles religieuses, mais dont la sagesse et l'égoïsme charnels sont tout à fait étrangers au scandale de l'Évangile et à la folie de la Croix?

Millerand encore a été excommunié par le Parti; il est évidemment plus proche de la doctrine des catholiques sociaux que du socialisme. Mais Jaurès, mais Basly : ils sont toujours marqués du signe des élus, ce sont des unifiés.

Sans doute, la foule est naïve. Mais, tout de même, quand on tire trop sur la corde, elle finit par se rompre. Et voilà justement qu'en face des socialistes de gouvernement, se dressent les syndicalistes révolutionnaires : en face du syndicat raisonnable de Basly, celui de Broutchoux qui prend au sérieux l'action directe et veut envahir et piller les mairies, alors même que ces pacifiques maisons qu'éleva la bourgeoisie servent d'abri à des socialistes domestiqués.

Et le député-maire a justement pour fonction de maintenir l'ordre. Il parle le langage d'un préfet de police conservateur. Il prêche le calme. Il flétrit les individus « qui excitent les ouvriers mineurs », en des termes à peu près identiques à ceux qu'il y a quelque temps, en traversant Roubaix, nous lisions sur une affiche que M. Motte avait fait apposer sur les murs, pour défendre la municipalité progressiste contre les attaques des amis de Jules Guesde, désireux d'exploiter contre elle l'émotion produite par la catastrophe de Courrières :

« Professionnels de l'anarchie, s'écrie donc véhémentement le député socialiste, ils ont tout à gagner au désordre, à la violence, à l'émeute.

« ... On ne saurait flétrir trop énergiquement

les fauteurs de ces désordres. On ne saurait flétrir avec trop d'indignation les misérables qui, pour la satisfaction d'appétits malsains, exploitent odieusement la catastrophe de Courrières où tant de nos braves camarades ont trouvé la mort. »

Et cette attitude si énergique de M. Basly permet au ministre de pousser la coquetterie jusqu'à se rendre à la Maison du Peuple où sont réunis les amis de Broutchoux, de se faire applaudir par ceux-ci en leur promettant que, s'ils sont sages, il ne se mêlera pas de leurs affaires et n'enverra pas de soldats pour maintenir l'ordre, Je le crois volontiers : il compte pour cela sur M. Basly. Jadis, les Romains avaient des barbares mercenaires dont ils se servaient justement pour repousser les assauts des vrais barbares authentiques. Quoi d'étonnant à ce qu'il y ait aujourd'hui des socialistes ministériels toujours prêts à lutter contre les autres, mais sachant aussi, comme du temps du Bas-Empire, se faire payer leurs services, ne fût-ce qu'en places et qu'en honneurs !

Partout, c'est la même chose. A Limoges, le maire socialiste Labussière, lors des grèves sanglantes, n'est plus écouté de la foule. Il a promis de maintenir l'ordre, lui aussi. Il n'est pas obéi. Impuissant, il doit démissionner. Malgré lui, les émeutiers, ces étranges syndicalistes que la *Confédération générale du travail* envoie partout où elle espère pouvoir commencer la guerre civile, élèvent des barricades, terrorisent la cité et entraînent toute la foule ouvrière derrière eux. Hervé, ce gaffeur incommode que l'on voudrait faire taire, surtout à la veille des élections, continue tellement à parler qu'on est forcé de l'envoyer en prison. N'importe ! On peut bien l'enfermer dans les cachots de la bourgeoisie, mais on ne peut pas le faire exclure du Parti et l'on n'ose pas empêcher qu'il ne soit membre du comité directeur.

Le développement même du socialisme devait aboutir à ces difficultés et préparer d'inévitables ruptures. A côté du grand parti socialiste désireux de plaire à tout le monde, engagé dans la politique, dans l'opportunisme même, et dès lors soumis docilement aux exigences locales, assoupli aux tactiques parlementaires, résigné aux habiles réticences, il fallait bien que se développassent des groupes de militants sectaires et violents, en qui le vieil esprit révolutionnaire, toujours prêt aux pillages et aux coups de force, demeurât pur de tout mélange. Or, chaque nouveau succès du socialisme parlementaire blesse les vrais partisans de l'action directe ; chaque habileté nouvelle leur répugne davantage ; comme des sauvages, ils se plaisent à briser de leurs mains grossières les savantes tactiques, ainsi qu'ils feraient d'objets d'art dont le luxe les irriterait.

Tandis que le socialisme officiel s'évanouit dans le rassurant effort d'un sage réformisme et se détache de l'arbre des révolutions comme une écorce vieillie et qui n'a atteint tout son développement que pour mourir, la sève des passions brutales et sanguinaires pousse sans cesse vers l'action les révoltés véritables qui ne veulent plus qu'on les endorme avec l'harmonie vague des mots et des promesses creuses.

Nous assistons à ce spectacle avec un intérêt qui nous passionne et une confiance qui nous réjouit. Nous comprenons plus exactement chaque jour que le socialisme ne peut pas se vanter de posséder l'avenir, puisque, mieux que ses défaites, ses propres succès l'épuisent. Il n'a pas, en effet, pour le soutenir dans ses conquêtes, le ressort intérieur que l'amour du Christ nous met au cœur. Il lui manque ce ferment de la Charité divine qui empêche le vrai chrétien de se laisser asservir par le milieu même qu'il a résolu de transformer. Il ne connaîtra jamais cet idéal supra-terrestre qui ne se penche vers les réalités quotidiennes de la vie sociale que pour les réformer suivant le plan de justice éternelle. Il sera toujours ballotté entre les imbéciles excès des violents et les abdications des sages qui ressemblent à des trahisons, et ses triomphes mêmes lui feront plus de mal que ses désastres. Sans doute, il a connu et il connaîtra encore des victoires : mais ce sont des victoires qui tuent.

V

TIMIDITÉ RÉVOLUTIONNAIRE

On répète souvent que les conservateurs n'ont pas confiance dans le peuple et l'on a raison. Ils réclament une intelligence qui pense à la place du peuple, un bras qui fasse son bien sans lui et, s'il le faut, malgré lui.

Mais ce que l'on n'a pas encore assez constaté, c'est que les socialistes, de leur côté, n'agissent guère différemment. Ils ont beau faire briller devant ses yeux les plus séduisants mirages, ils ont beau essayer de l'attirer par leurs promesses : en vérité ils n'ont pas confiance en lui.

D'abord, ils le flattent. C'est donc qu'ils ne

le jugent pas capable de supporter la vérité, pas digne de la connaître. Ils ne l'estiment pas assez pour songer jamais à le traiter d'égal à égal. Je me souviens du sourire amusé dont un intellectuel de la nouvelle école syndicaliste accueillit un jour ma naïve indignation parce que je me scandalisais devant lui de la contradiction qui éclate entre les si intelligentes théories des philosophes de l'école et les odieuses brutalités des syndicalistes ouvriers.

C'est toujours la même chose. Les réactionnaires, quand ils croient avoir enfin trouvé un *véritable ouvrier* qui consente à marcher avec eux, lui pardonnent tout et se réjouissent même de sa grossièreté. Les chefs socialistes ont besoin de troupes dociles et pas trop raisonneuses qu'ils puissent aisément discipliner. Ils tiennent, devant les foules, un langage facile à comprendre mais dont ils ne sont pas eux-mêmes dupes, et qui recouvre leurs secrets desseins, impénétrables à la multitude.

Bien plus, la société que conçoivent les socialistes se propose de rendre mécaniquement les hommes heureux; elle les dispense de toute initiative, de tout effort personnel; ils n'ont qu'à suivre docilement les ordres bienfaisants d'un Etat-providence qui pense, qui veut, qui décide pour eux.

Je ne conçois guère de doctrine moins hardie que la doctrine socialiste. Il n'en est pas, en effet, qui sacrifie davantage la liberté et la dignité humaines à la nécessité d'assurer à chacun un bonheur vulgaire et banal dont il ne serait plus même l'artisan. Il n'en est pas qui s'efforce davantage de négliger tous les ressorts intimes de l'activité morale des individus pour ne tenir compte que des exigences d'un fonctionnarisme accaparant. Ces tribuns populaires, ces farouches révolutionnaires qui font trembler les bourgeois ne sont, en somme, que de pauvres grands timides incapables de s'élever au-dessus de la conception d'un nouveau césarisme anonyme, et trop faibles non seulement pour réaliser la Démocratie véritable mais même pour la vouloir.

La Démocratie, c'est le peuple conscient et responsable, gardien non plus seulement de ses intérêts personnels mais de l'intérêt d'Etat et capable, dès lors, de s'occuper chaque jour davantage des affaires du pays. Il ne s'agit pas, bien entendu, de fausses égalités dans les fonctions puisqu'il n'y a pas d'égalité dans les capacités. Il ne s'agit pas simplement d'un accroissement de bien-être pour la masse des déshérités. Il s'agit surtout et avant tout d'un accroissement de vie civique, d'un élargissement intellectuel et moral, d'une ascension des milieux populaires, chaque jour plus dégagés des liens de la servitude du corps et de l'esprit.

Or c'est bien cela que le peuple de France entend par Démocratie. Sans doute, chacun ne sait pas encore préciser exactement cet idéal, mais c'est bien lui qui, confusément, agite et soulève les cœurs.

Les socialistes, qui ont renié leurs origines spiritualistes et qui tiennent à n'avoir plus d'ailes et à ramper sur le terrain gluant du matérialisme athée, ne peuvent pas faire la Démocratie. Ils nous donneront peut-être la servitude, jamais la collaboration féconde et fraternelle dans la liberté. Nous avons dit assez souvent ce que nous jugions utile de retenir dans la critique de la société capitaliste faite par les socialistes, et cette franchise nous a valu bien des attaques aussi violentes qu'inintelligentes. Ce n'est pas une raison pour ne pas proclamer très haut quel abîme sépare notre Démocratie du socialisme communiste ou étatiste.

Tandis que les vieux états-majors réactionnaires décimés s'épuisent en récriminations et en regrets superflus, tandis que les socialistes anticléricaux croient nécessaire de tuer la liberté pour réaliser de force un peu de justice tyrannique, la génération nouvelle a entendu et compris notre appel. Elle ne se souciera pas des clameurs furieuses des anciens partis dépossédés et aigris. Elle ne se laissera pas séduire par les misérables et impuissantes promesses des pontifes essoufflés d'un socialisme incapable de s'élever au-dessus de terre et de satisfaire les profondes aspirations de l'âme humaine, puisque, reniant Dieu, il ne peut plus croire que la Beauté, la Justice et l'Amour soient autre chose que des rêves insaisissables et trompeurs. Elle suivra courageusement sa route vers l'avenir.

VI

LE RÈGNE DE LA PEUR

La *Confédération générale du travail* peut se vanter d'avoir fait parler d'elle. Cinquante mille hommes de troupe accourus à Paris, les bourgeois apeurés, des quartiers entiers presque déserts, l'opinion publique en suspens comme en l'attente de quelque invraisemblable événement, le 1ᵉʳ mai arrêtant la vie nationale : voilà l'effet extraordinaire qu'ont pu produire, presque à leur insu, j'en suis sûr, et en tout cas avec de très faibles instruments, les meneurs de la rue Grange-aux-Belles.

Évidemment, il est tout de même plus facile d'affoler l'opinion que de faire une révolution.

Aussi le 1ᵉʳ mai s'est-il en somme passé assez pacifiquement. Au reste, le gouvernement n'avait plus à craindre de se montrer énergique, puisqu'il avait pris non seulement des mesures policières et militaires mais aussi de curieuses précautions psychologiques, faisant arrêter, en même temps que les principaux meneurs révolutionnaires, quelques originaux ou quelques pitres, amateurs inoffensifs de la conspiration politique ou professionnels intéressés des complots qui avortent. De la sorte, on pouvait cogner dur sur les ouvriers et plus n'était besoin de ménagements, puisque c'était pour sauver la République. Quant aux prolétaires qui refusaient de marcher docilement sous la houlette des socialistes parlementaires à la défense du Bloc, ils devaient être voués au mépris ou à la pitié de tous les travailleurs conscients, car on savait bien qu'ils n'étaient que les stipendiés du duc d'Orléans ou du prince Victor, à moins que, pauvres imbéciles, ils ne se soient laissés choir dans quelque piège savamment tendu et enfin découvert par les policiers de M. Clemenceau.

Plus graves avaient été, certes, les émeutes

du Nord, non que l'énergie révolutionnaire s'y fût déployée plus courageuse, mais, au contraire, à cause même de l'instinctive veulerie de ces foules incapables de résister à l'autorité d'un mot d'ordre, d'où qu'il vienne.

Les soldats ne faisant usage de leurs armes qu'à la toute dernière extrémité et encore se contentant de l'arme blanche, incapables évidemment d'empêcher le pillage des maisons, les violences même sur les personnes, il était certes moins dangereux de suivre les cortèges insurrectionnels et de se joindre aux troupes d'émeutiers que d'aller au travail ou même de refuser de manifester et de conserver une attitude de digne abstention. Des mineurs étaient dès l'aube réveillés dans leur propre lit et brutalement contraints de se lever et de grossir l'armée de la Révolution, sous peine des plus odieuses représailles. La grève était donc maintenue violente et sanglante non par l'effet du courage, mais bien par celui de la peur des populations terrorisées.

D'ailleurs, rien de hardi, rien de noble dans l'attitude de ces révoltés, honteux belligérants qui ne savaient pas reconnaître les lois de la guerre et attaquaient à coups de pierre le convoi qui ramenait de Liévin à Lens un officier blessé, tandis qu'à Lorient on ne respectait même pas la majesté de la mort, on arrêtait un corbillard et en dételait les chevaux, et qu'à Fressenneville de pitoyables grévistes, incapables de s'arrêter même devant la faiblesse la plus innocente, découvrant les portraits des enfants du patron, leur crevaient les yeux et leur coupaient la tête.

« Nous venons ici parce que nous avons confiance que nos revendications sont justes et légitimes ; nous ne commettrons aucun dégât », disait au capitaine de cuirassiers chargé de maintenir l'ordre le conseiller municipal de Denain-la-Chapelle, à l'entrée du bourg de Trith-Saint-Léger, au bord de l'Escaut, à la tête d'une troupe de près de 6.000 grévistes. On sait comment ces promesses étaient tenues et ce qu'il fallait penser de la loyauté et de l'intrépidité de ces soldats de la Révolution sociale qui attaquaient toujours par derrière ou recherchaient l'abri des murailles et des haies, puis, quand ils étaient pris, pleuraient comme des enfants, promettant qu'ils seraient bien sages et suppliant qu'on les laissât rentrer chez eux.

Rien de plus lamentable, en vérité, que toutes ces scènes odieuses et honteuses. Partout, la peur. Les mineurs ont peur des grévistes. Les grévistes ont peur des mineurs. Le gouvernement a peur des socialistes du Parlement et des journaux. Ceux-ci ont peur des syndicats qui eux-mêmes redoutent la *Confédération générale du travail*. Quant aux bourgeois, leur frayeur est comique. Ils font, en vue du 1er mai, des provisions comme pour un long siège et l'on multiplie les services de bateaux de Calais à Douvres pour emporter les fuyards.

Et cependant, il y a de merveilleuses ressources dans les milieux populaires français, un bon sens, un dévouement, une endurance dont nous avons pu déjà depuis longtemps éprouver quotidiennement la force et la solidité. Il est étrange que la *Confédération du travail* qui n'est, sans doute, rien par elle-même et qui disait vrai, je le crois volontiers, lorsqu'au cours des récentes perquisitions elle affirmait n'avoir même aucun centre d'action dans le Nord et s'être contentée d'envoyer au hasard des émissaires, il est paradoxal que cette organisation extérieure et comme étrangère au vrai travail des syndicats sérieux ait pu si promptement devenir une puissante autorité morale dans le monde du travail, devant les exigences de laquelle les groupements syndicaux les plus sérieux, comme la *Fédération du Livre*, se jugent obligés de s'incliner par discipline et solidarité.

C'est qu'il manque au prolétariat français une direction, une orientation véritables. Les politiciens du socialisme se sont offerts à lui en indiquer une, mais elle ne se dégageait pas de la vie même des milieux populaires, et ceux-ci devaient finir par se dégoûter d'être toujours les instruments des ambitions ou des appétits des autres.

Aussi, le syndicalisme, le *parti de classe*, parut-il bien vite au prolétariat l'organe nécessaire de son émancipation : il commença à s'y attacher comme à l'expression même de sa vie propre et autonome.

Seulement, ce syndicalisme est trop étroit, trop bas. Il repose sur une philosophie trop grossièrement matérialiste pour pouvoir jamais correspondre à ce qu'il y a de généreux et d'idéal dans l'âme populaire qui peut bien se dégrader parfois et tomber jusqu'aux plus honteux excès, mais qui ne veut pas cependant qu'on bouche toutes les fenêtres par où elle pouvait contempler les horizons infinis de justice et d'amour, pour l'enfermer comme dans un tombeau.

Ce qui fait le scandaleux crédit de la *Confédération du travail*, c'est qu'il n'y a qu'elle. En effet, dans les milieux conservateurs, on a bien commencé, très tardivement du reste, à *aller au peuple* et à chercher à améliorer le sort matériel et même — quoique plus rarement — moral de l'ouvrier, mais on n'a évidemment pas pu songer sérieusement à donner naissance à un mouvement spontané du prolétariat prenant conscience de lui-même et s'efforçant d'élaborer une organisation meilleure et plus fraternelle de la société. La bienfaisance patronale a eu trop souvent le tort de renoncer, non pas tant sans doute par discrétion que par hypocrisie, à apparaître au grand jour, pour se dissimuler sous les dehors faux d'une prétendue action ouvrière qui ne trompaient personne : puisqu'elle cherchait si bien à se cacher comme ayant honte d'elle-même, on l'a cru intéressée et l'on n'a plus songé qu'à la démasquer et qu'à s'en détourner.

De plus en plus, la foule des ouvriers qui réclame un sens à son effort, un but à ses révoltes mêmes, qui veut être encadrée et qui a besoin de rattacher son travail professionnel à une conception générale de la vie, risquerait donc d'aller grossir les rangs de nos modernes révolutionnaires, si, justement, ne trouvant pas dans les milieux dont l'attrait tout d'abord l'attire une suffisante plénitude de vie et un système de doctrines assez compréhensif, elle ne devait se retirer bientôt, déçue et dégoûtée, prête peut-être hélas à toutes les abdications !

Aussi bien, croyons-nous que notre idéal démocratique, si sublime et si réaliste tout à la fois, si solidement enraciné dans les traditions nationales et cependant si hardiment ouvert sur le progrès humain le plus universel, est exactement ce qui convient aux besoins comme aux rêves de notre peuple de France.

Mais, certes, ce n'est pas en un jour que les sillons seront creusés, ni surtout que la semence germera.

Il faut pour cela que des mœurs plus courageuses s'acclimatent chez nous, remplaçant l'apathie conservatrice ou la lâcheté révolutionnaire.

Certains ne comptent que sur l'action politique. De graves injustices ont été commises. L'Eglise a été injurieusement traitée par le gouvernement, serviteur apeuré des desseins les plus sectaires. Le suffrage universel sanctionnera-t-il de telles injustices, en acceptera-t-il la responsabilité, ou bien, au contraire, exigera-t-il plus de liberté ou, tout au moins, se contentera-t-il de réclamer une plus large et plus intelligente tolérance?

Loin de nous la pensée de nier le passionnant intérêt de ces consultations populaires que les équivoques, les pressions inavouées ou les fraudes secrètes n'empêcheront pas sans doute toujours d'avoir quelque valable signification!

De toute notre âme, nous prions Dieu d'éclairer les consciences.

Nous tenons cependant à bien affirmer qu'à juger sainement, on doit reconnaître que ce ne peut pas être d'un scrutin que sort le véritable salut d'une nation, mais d'un effort plus profond, plus opiniâtre, plus durable.

Les élections constatent ce qui est, bien plus qu'elles ne le changent. Elles ressemblent plus à un thermomètre qui marque la température qu'à un foyer de chaleur qui l'élève.

Elles peuvent momentanément rassurer les pusillanimes, mais elles sont incapables de les rendre courageux.

Rien donc, ni la défaite, ni la victoire des sectaires ne nous dispensera de continuer le labeur commencé et d'essayer d'agir énergiquement sur une opinion publique que d'autres spectacles peuvent détourner quelque temps encore, mais qui finira bien, nous l'espérons fermement, par découvrir le sens véritable de l'action démocratique qui s'impose au pays.

VII

LES MENEURS

La foule est toujours menée. Elle est naïve et crédule, prompte aux emportements, accessible aux enthousiasmes, prête aux paniques irraisonnées. Elle renferme au fond d'elle-même de mystérieux trésors de dévouement, un impérissable idéal. Mais ses vertus demandent à être éveillées; ses énergies risquent de s'engourdir, étouffées par l'égoïsme étroit et les passions malfaisantes, si nulle voix ne les appelle et ne les entraîne.

Aussi le monde a-t-il toujours connu une espèce d'hommes, très rare et toute-puissante, qui, dominant la foule, prend son point d'appui en dehors d'elle et demeure, malgré les vicissitudes de la fortune, fermement attachée à un dessein supérieur.

Tour à tour célébrés comme les premiers d'entre les humains et écrasés sous le poids de l'ingratitude et de la haine, ces conducteurs de peuples suivent leur idée intérieure : il ne leur serait pas plus possible de changer leur route qu'à la pierre de ne pas tomber, ou qu'aux marées de l'Océan de ne pas recouvrir les grèves des rivages.

Bons ou mauvais, bienfaisants ou pervers, ils se ressemblent par un trait qui leur est commun : l'ascendant qu'ils exercent, ils le tirent non d'une artificielle conformité avec le milieu où ils vivent, mais bien au contraire de la puissance qui est en eux et de la volonté tenace qui les empêche de céder aux sollicitations du dehors.

Ces chefs ne suivent pas leurs troupes comme tant d'autres : ils marchent vraiment les premiers. Ils sont plus forts que le milieu : c'est celui-ci qui cède et ils le pétrissent à leur image.

Jamais, même les moins vertueux d'entre eux, ne s'adressent qu'aux seules passions grossières et basses. Il y a toujours de la grandeur jusque dans leurs crimes, et c'est encore en levant les yeux vers les étoiles que les foules trop crédules tombent dans le gouffre à leur suite.

Lorsqu'on nous parle aujourd'hui de *meneurs*, on confond souvent les contraires, et dupé par des gestes trompeurs, des attitudes mensongères, on prend pour de véritables meneurs de pauvres impulsifs qui, se mettant toujours à l'unisson de ceux dont ils sont entourés, se contentent de crier plus fort que les autres, et font un tel vacarme qu'on se figure qu'ils dirigent le chœur. Il y a très peu de meneurs véritables, capables de voir plus haut et plus loin que la foule, et frappant le rocher comme autrefois Moïse, d'en faire jaillir les sources de l'avenir.

La Démocratie cependant exige une élite dont l'autorité morale s'imposera par un invincible ascendant. Il n'est pas, en effet, d'organisation sociale qui plus impérieusement que la Démocratie exige de l'autorité. Seulement celle-ci ne s'impose pas brutalement de l'extérieur à des esclaves courbés. Elle atteint les cœurs, plie les volontés et réclame une obéissance libre, sans cesse consentie.

Les bons meneurs qui feront la Démocratie n'ont donc pas à se soucier de ressembler aux troupeaux aveugles et faibles que sont encore les peuples, à peine affranchis du joug des anciennes servitudes : c'est sur eux, au contraire, que devront se modeler les foules et leur action demeurera toujours vaine, s'ils perdent de vue cet exemplaire du Juste idéal qui seul est digne de les attirer.

Dès lors, le positivisme matérialiste et athée n'est pas une doctrine suffisante pour rendre raison du zèle des meneurs et pour nourrir leur ardeur. Alors même que l'inconscient mensonge de leurs bouches proclamerait les doctrines désabusées d'une inféconde philosophie, une autre flamme embrase leurs cœurs et un autre élan les entraîne.

Quelle ne sera pas, cependant, la vigueur conquérante de nos camarades qui non seulement parlent de Justice et de Vérité, mais qui savent ce qui se cache de réel, de vivant, de divin, de personnellement communiquable à chacun de nous, sous l'éclat sonore de ces verbes sublimes !

Déjà, dans les sombres ateliers où l'on blasphème, parmi le lourd ennui des casernes, dans l'atmosphère railleuse, sceptique et immorale des Universités, le mépris, la violence ou la haine se sont arrêtés étonnés devant cet être bizarre, à la fois doux et intraitable, qu'est le *sillonniste*. Contre son rêve intransigeant, toute arme se brise : bienveillance ou moquerie, raisonnements ou menaces, rien ne peut lui faire renoncer à la Cause qu'il sert. Son entêtement est incurable. Il inquiète les prudents, alarme les sages et finit par intéresser les indifférents eux-mêmes.

Il faut être plus fort pour résister tout seul aux sarcasmes de camarades irrités, pour faire sa prière à genoux au pied de son lit dans une chambrée hostile, pour ne pas être écrasé sous le poids des conventions, des partis-pris et des routines dont une aveugle bourgeoisie cache à ses propres yeux sa décadence et sa ruine, que pour se jeter à la tête d'une bande de grévistes et les pousser au pillage et à l'émeute.

La force morale a toujours fini par triompher de la force brutale.

Si la Démocratie a besoin de meneurs, ceux-là seuls qui pensent et qui veulent par eux-mêmes et dont la volonté a plongé ses racines dans une foi vivante pourront lui en fournir, ceux-là seuls qui possédant leur âme ne l'ont pas gardée pour eux mais l'ont donnée à Dieu, c'est-à-dire — tel est l'ordre divin — à l'Amour de leurs frères.

VIII

LE SYNDICALISME CONSERVATEUR

Sans doute, les dirigeants de la *Confédération générale du travail* sont des révolutionnaires, des anarchistes. Il n'en est pas de même de leurs troupes.

La plupart des ouvriers qui marchent derrière eux sont assez dégoûtés de la politique, et l'anarchie, cette doctrine antiparlementaire, leur apparaît cependant encore comme une forme de politique, tout comme l'anticléricalisme nous semble une forme de cléricalisme. Ils sont bien hantés par le rêve sublime et religieux d'une Cité future, mais ce qu'ils voient avant tout dans le syndicat, c'est un instrument pour l'amélioration de leur sort immédiat, plus exactement même, il faut l'avouer, une arme de guerre contre le patronat, auquel ils entendent arracher le plus de concessions possible.

Il tend à se développer dans les milieux syndicalistes les mieux organisés et les plus intelligents un curieux état d'esprit. Les idées philosophiques, sociales, religieuses, politiques, sont, non seulement exclues du syndicat, — ce qui jusqu'à un certain point se comprendrait, — mais, écartées définitivement des préoccupations des syndiqués. Ceux-ci sont d'abord et avant tout de leur profession ; ensuite, ils seront républicains, démocrates, catholiques, ou anticléricaux, mais d'abord ils sont de leur métier. Cela se passe exactement ainsi dans certains autres milieux, où l'on tient à être, par exemple, officier ou même polytechnicien par dessus tout au monde et où la solidarité de caste passe avant la solidarité religieuse ou morale.

C'est ainsi qu'en temps d'élection, les typographes de la *Fédération du livre* s'occuperont exclusivement de savoir si les affiches des candidats portent le label, et ne craindront pas de favoriser l'élection d'un conservateur réactionnaire qui se sera soumis à cette petite exigence peu coûteuse, et de faire échouer un républicain démocrate qui, pour quelques raisons que ce soit, n'aura pas marqué ses papiers de propagande du signe des élus.

Il est également à remarquer que les purs syndicalistes se sentent fort peu d'ardeur républicaine et se soucient très médiocrement de la forme du gouvernement. Après tout, la République, cela leur semble aussi bête que la Patrie. Leur regard est obstinément fixé sur la question des salaires : l'esprit de classe les domine, limite leur point de vue. Le fameux complot découvert par M. Clemenceau, et qui signalait de dangereuses menées monarchiques dans les syndicats de la *Confédération*, nous a certes laissés très sceptiques. Toujours est-il cependant qu'il n'eût peut-être pas été aussi impossible à essayer qu'on se le figurerait au premier abord, et que des royalistes avisés, suffisamment habiles et généreux et sans trop de scrupules, eussent trouvé plus d'avantages pour la cause du duc d'Orléans à répandre leur activité et leur or sur certains syndicats de la *Confédération générale du travail*, plutôt que de s'efforcer à soutenir ce mouvement jaune qui est trop apparemment leur chose, et qu'ils ne feront jamais sérieusement passer pour une action prolétarienne.

Quoi qu'il en soit, la mentalité syndicaliste est, en général, beaucoup plus portée à envisager la lutte contre le patronat, que la possibilité de se passer du patronat. La coopération se développe terriblement lentement, tout au moins dans notre pays, et il n'apparaît pas que les ouvriers soient très disposés à assumer pratiquement les charges et les risques de ce patronat qu'ils seraient peut-être bien gênés d'avoir complètement dépossédé.

Le prolétariat aimerait assez traiter les patrons à peu près comme les rois de France en usaient avec les usuriers. Les monarques laissaient ceux-ci déployer une merveilleuse habileté, une féconde ingéniosité à exploiter le public, puis, quand ils les jugeaient suffisamment engraissés et bien à point, ils leur faisaient rendre gorge, s'emparaient de leurs trésors amoncelés et avaient ainsi utilisé, de royale façon, leurs merveilleuses qualités d'intermédiaires.

Les syndicalistes s'en remettraient assez volontiers aux patrons du soin de traiter avec la clientèle, de faire face aux difficultés de la concurrence internationale, de diriger techniquement l'entreprise. Ils préfèrent ne pas s'embarrasser de trop de considérations variées et n'avoir à se soucier que de leurs propres intérêts. S'ils sont forts, pourquoi n'arriveraient-ils pas, une fois l'argent gagné, à se le partager tout entier?... Après tout, les patrons n'ont-ils pas assez longtemps exploité leurs ouvriers? Ne serait-il pas de bonne guerre que les ouvriers songeassent enfin à exploiter un peu leurs patrons?

Rien de plus simple d'ailleurs, de plus logique et même, jusqu'à un certain point, de plus légitime que la façon dont les syndicalistes posent le problème. Ils se rencontrent, du reste, très exactement, avec les moins socialistes des économistes et envisagent la question comme M. Bureau, pour qui le travail est une marchandise que le patron cherchera à acheter le moins cher possible et le syndicat à vendre le plus cher possible.

Seulement, cette attitude des syndicalistes

est dangereuse parce qu'elle est vraiment trop conservatrice.

A se restreindre ainsi à de pures considérations d'avantages immédiats, à n'envisager que l'intérêt de la profession, à se refuser à jamais considérer un plan d'ensemble, les syndicalistes ne risquent-ils pas de sortir du grand courant de la vie nationale, de ne plus pouvoir apporter leur part légitime d'influence dans l'élaboration des idées générales, et, peut-être même, de devenir la proie des habiles qui profiteront de la neutralité naïve et peu soupçonneuse des éléments les plus raisonnables des syndicats pour entraîner ceux-ci dans le sens de leurs desseins cachés ?

Conservateurs, les syndicalistes le sont aussi étrangement, même au point de vue professionnel. Ils se défient des nouvelles inventions de la mécanique. Certes, ils ont bien raison de redouter que tout l'avantage de celle-ci ne soit détourné à l'exclusif profit du patronat, mais ils ne prennent peut-être pas assez garde à l'intérêt du consommateur qui, en dernière analyse, est le plus nécessaire à sauvegarder. C'est, en effet, parce que l'homme a des besoins que le travail est nécessaire. C'est la consommation qui doit régir la production. Le consommateur est plus intéressant que le producteur.

Rien ne ressemble plus aux règlements dont étaient hérissées les vieilles corporations que les conditions de travail imposées aux patrons par la *Fédération du livre*. C'est la même réglementation minutieuse, la même inquisition constante, et, il faut bien l'avouer aussi, la même crainte des nouveautés, le même désir d'uniformité.

On ne saurait certes nous accuser de trop de tendresse pour les violents agitateurs anarchistes de la rue Grange-aux-Belles et de certaines Bourses du travail de province ; mais, tout de même, nous ne pouvons pas ne pas voir en leur action, toute néfaste qu'elle soit dans ses immédiats résultats, quelque chose d'assez providentiel, si elle empêche le syndicalisme assagi et bourgeois des professions privilégiées et bien organisées d'engourdir le prolétariat dans un néoconservatisme d'autant plus dangereux qu'il s'emparerait des éléments les plus vigoureux et les plus intelligents de la classe ouvrière.

Le danger, pourtant, n'est pas encore bien redoutable. Malgré leur goût pour le fonctionnarisme et leurs fréquentes vocations de ronds de cuir, les ouvriers français apparaissent encore comme de grands idéalistes, chaque fois que l'on parvient à briser la gangue d'égoïsme étroit et médiocre dont le positivisme athée est parvenu à recouvrir leurs cœurs. Ils s'enthousiasmeront plus facilement encore pour un rêve et même pour une chimère que pour une simple et immédiate augmentation de salaire. Sans doute, ils lutteront énergiquement pour sortir de l'état de « misère imméritée » dans lequel sont encore plongés beaucoup d'entre eux, mais ils sauront aussi combattre pour autre chose que pour eux-mêmes. Ils ne copieront pas la sagesse et la prudence bourgeoises des capitalistes, et s'ils veulent que l'avenir leur appartienne, ils placeront au-dessus même de leurs intérêts de profession et de classe la Justice et la Vérité.

IX

AU-DELA DU SOCIALISME

Comment n'aurions-nous pas confiance quand chaque conflit d'opinion, chaque grand débat, nous apporte avec lui une preuve nouvelle de la solidité du terrain sur lequel nous travaillons et de l'excellence de nos méthodes ?

Le cruel échec d'une opposition dont, quelques jours encore avant le scrutin, on célébrait la victoire comme certaine, a étrangement donné raison à nos prévisions, et justifié notre attitude. Voici, maintenant, que le duel oratoire qui vient de mettre aux prises, dès l'ouverture de la session parlementaire, MM. Jaurès et Clemenceau, c'est-à-dire le rêve collectiviste et la sagesse un peu étroite du radicalisme, fait éclater, comme une merveilleuse leçon de choses, la force de notre conception et la supériorité de notre idéal démocratique.

Les socialistes organisent en système leur rêve intérieur. On les félicite quelquefois d'apporter, eux du moins, au peuple, des projets et un programme précis. Quoi cependant de plus fragile et de plus vain que cette exactitude toute de surface ! L'avenir se moquera bien de ces pitoyables cadres dans lesquels certains ont conçu le puéril dessein d'enfermer la fécondité de ses créations. Et le ministre triomphe aisément de l'inutile prophète, lorsqu'il affirme avec vigueur que notre tâche n'est pas de faire la cité future comme les magiciens qui frappent le sol de leur baguette enchantée, mais de faire les hommes qui feront la cité future.

M. Clemenceau a dit de fortes vérités et il était utile que le pays les entendît. Mais il ne suffit pas de réclamer au citoyen un libre effort de vertu sociale : il faut encore savoir comment, et sous l'influence de quelle force intérieure, se développera cette vertu. Or, justement, M. Clemenceau n'en dit rien. Il ne peut rien en dire. Son système est, dès lors, frappé de stérilité ; et si son éloquence incisive parvient à crever les utopies du socialisme, elle est impuissante à rien mettre à leur place.

Quant à nous, nous apportons les précisions nécessaires. Nous ne suivons pas M. Jaurès dans ses nuées inconsistantes et nous ne nous contentons pas de la philosophie sans fondement de M. Clemenceau. Nous savons ce qui peut unir les hommes, et que l'on n'édifiera jamais la Cité future, si l'on se contente d'en débattre puérilement les plans sans se soucier d'en chercher les matériaux.

M. Clemenceau passe à côté de l'Eglise et, sans même la regarder, affirme que ce n'est plus qu'une force oppressive, vestige suranné d'un passé disparu pour toujours. Et cependant, c'est bien, sans s'en douter, à des forces morales, à des forces religieuses qu'il fait appel, lorsqu'il insiste sur la nécessité de cette élaboration lente et laborieuse de la société future.

Certes, nous pénétrons plus profondément que lui dans la réalité et, tandis que sa philosophie s'attarde au seuil du temple, nous entrons dans le sanctuaire.

Quant aux socialistes, nous les laissons, eux aussi, bien en arrière. Leur rêve manque de hardiesse. Comme ils songent, en somme, à réformer la société sans prendre la peine de réformer l'individu, comme la seule philosophie qu'ils avouent est une doctrine d'intérêt et d'égoïsme, il est bien évident qu'ils sont contraints de faire appel, pour que leur cité ne s'écroule pas, aux duretés d'une légalité tyrannique et aux persécutions d'une bureaucratie triomphante. Rien de moins inventif, en somme, que leur imagination : c'est avec les plus vieux matériaux, les plus hors d'usage même, qu'ils reconstruisent la maison.

Nous, au contraire, parce que justement nous ne nous amusons pas à décrire à l'avance les détails des organisations futures et parce que nous nous contentons d'en développer profondément les germes, nous faisons œuvre pratique, travail sérieux et positif. Ce n'est qu'après avoir trouvé l'application de la vapeur à l'industrie mécanique que l'on put utilement inventer les mille pièces des locomotives modernes. Et c'est bien perdre son temps que de dessiner sur le papier les plus ingénieuses machines ailées, tant que l'on n'aura pas découvert l'indispensable moteur, assez énergique et assez léger pour résoudre pratiquement le problème de la navigation aérienne.

On se moque bien de nous, lorsqu'on prétend que nous nous remuons dans le vague et que notre programme manque de précision.

Rien, au contraire, de plus cohérent, de plus fort que notre Démocratie. Ce n'est pas de notre faute, après tout, si les hommes sont impuissants à la réaliser du premier coup et comme d'un bond. Les difficultés mêmes auxquelles se heurte notre effort, les lenteurs qui l'arrêtent sans briser cependant son élan nous sont une preuve que nous sommes dans la bonne voie. Les éclosions trop hâtives sont suspectes. Seules les herbes folles croissent en quelques jours, mais sont aussitôt flétries et desséchées ; il faut que les arbres robustes s'enracinent profondément dans le sol par un nécessaire mais invisible travail.

Le pays s'apercevra bien enfin que les socialistes gardent des mentalités réactionnaires jusque dans les solutions qu'ils préconisent aux problèmes nouveaux qui se posent. Il dépassera le socialisme et découvrira alors devant lui cette Démocratie libre et fraternelle dont nos amis n'ont jamais cessé d'être les apôtres infatigables.

Cette perspective est encourageante. Tenons bon seulement. Surtout, n'allons pas par pusillanimité retourner en arrière sous prétexte d'aller au-devant de l'opinion publique. Celle-ci vient à nous ; notre rôle est de lui tracer la voie.

Le jour n'est peut-être pas très éloigné où, toutes les opinions s'étant heurtées et brisées sous le choc les unes des autres et tous les partis s'étant entre-déchirés et tués, notre Démocratie apparaîtra aux hommes de bon sens et de courage, même à ceux qui ne partagent pas notre foi religieuse, comme la seule possibilité d'action libre et généreuse, le seul terrain d'entente cordiale et fraternelle.

X

L'AVENIR DES SYNDICATS OUVRIERS

Les syndicats doivent-ils être des instruments de conservation ou bien de transformation sociale?

Telle est la question qui se pose. Il importe de l'examiner avec loyauté et courage.

Certains disent : « Le syndicat ne doit s'occuper que des intérêts matériels et immédiats de la profession. Il ne doit avoir aucune tendance philosophique, morale ou sociale. Il doit être absolument neutre. »

Cette conception est tout particulièrement chère aux économistes en chambre. Ces théoriciens qui travaillent de tête, loin de la brûlante complexité de ce qui est vivant, ne veulent voir dans le syndicat ouvrier qu'une simple représentation du travail dans ce qu'il a de plus matériel, de plus dépouillé de toute aspiration, de tout sentiment, et ils se plaisent à l'organiser en face du capital : pour eux, le syndicat est simplement une personnalité collective qui traite avec le patron, mais qui n'a d'autre rôle que de collaborer à la fixation du salaire et que de tendre sans cesse à obtenir pour les ouvriers de meilleures conditions de travail.

Il nous paraît cependant impossible que le syndicat se limite à ce rôle. Une association de propriétaires peut être neutre parce que ce sont simplement des capitaux qui sont ainsi mis en commun. Mais ce que les ouvriers unissent dans leurs syndicats, c'est une force plus personnelle, plus humaine, leur énergie même et leur puissance de travail. Dès lors, le groupement auquel ils donneront naissance sera comme nécessairement marqué du caractère propre de leur tempérament. Ils ne pourront pas ne pas y laisser passer leurs aspirations, leurs révoltes, leurs désirs et leurs rêves, et voilà comment le syndicat ouvrier ne saura jamais conserver cette neutralité toute théorique qu'on essayerait en vain de lui imposer.

D'ailleurs, l'expérience confirme avec éclat cette prévision. Rouges ou Jaunes, soutenus par les patrons ou à la remorque des politiciens, la plupart des syndicats ne sont nullement indépendants, en ce sens que ceux qui les dirigent ou les dominent entendent bien s'en servir en vue de desseins plus larges que les avantages particuliers d'une profession déterminée.

Nous n'avons, en vérité, le droit ni de nous en indigner, ni même de nous en étonner.

Les révolutionnaires affirment que le prolétariat sera toujours opprimé tant que l'ordre social actuel n'aura pas été détruit de fond en comble. Ils considèrent non seulement le capitalisme, mais le militarisme, la propriété, le patriotisme, comme des forces hostiles à l'émancipation du prolétariat. Ne doivent-ils pas, en bonne logique et au nom même des intérêts de la classe ouvrière, mettre la puissance des syndicats au service de toute campagne engagée contre ce qu'ils considèrent comme des obstacles au développement du prolétariat conscient ?

De même, comment refuseriez-vous aux hommes d'ordre le droit d'avoir leurs syndicats, de mener en faveur de ceux-ci une très active propagande et d'en faire des centres de résistance aux idées politiques et sociales qu'ils jugent subversives ? Pourquoi même défendriez-vous aux patrons, à condition, bien entendu, que ce soit loyalement et sans hypocrisie, de subventionner de tels syndicats ? L'État ou les municipalités ne se servent-ils pas des deniers publics pour soutenir les Bourses du travail socialistes : combien, à plus forte raison, ne doit-il pas sembler légitime à des particuliers d'encourager de leur argent telles initiatives qui leur semblent utiles et profitables !

Mais ce qui nous paraît déplorable et vraiment scandaleux, c'est que les ouvriers ne trouvent à peu près jamais, à l'heure actuelle, de syndicats correspondant à leurs aspirations et à leurs besoins les plus évidents.

Que veulent-ils, en effet, généralement ? Améliorer immédiatement leur situation et travailler, en même temps, à préparer une organisation sociale qui les affranchirait de la tutelle du patron et les élèverait eux-mêmes, dans la mesure bien entendu de leurs capacités, à la dignité de dirigeants.

Sans doute, les prolétaires français souffrent pour la plupart, de cet « état de misère imméritée » dont parlait le grand pape Léon XIII et ils ne sauraient se contenter de mots retentissants, de mirages enchanteurs. Mais ils sont aussi étrangement idéalistes, — la fortune du socialisme révolutionnaire suffirait à le prouver; jamais ils ne se contenteront d'un étroit programme de réformes pratiques sans fenêtres largement ouvertes sur un avenir illimité, sans horizons infinis.

Or, où trouver, en France, ces syndicats à la fois consciencieusement professionnels et généreusement démocratiques?

Un effort a été fait par la *Confédération générale du travail* pour arracher les syndicats rouges à la tutelle des politiciens; mais il n'a abouti qu'à faire peser sur eux le joug, plus lourd encore et peut-être moins intelligent, de théories violentes qui font un dogme de l'*action directe* et que la plus grande partie des syndiqués rouges se refusent à admettre.

Quant aux syndicats jaunes, — nous les croyons du reste très peu nombreux et très faibles, condamnés à une existence très éphémère, — ils ont, eux aussi, essayé de briser des chaînes. Ils ne veulent ni du concours des socialistes parlementaires, ni des excitations révolutionnaires. Il en est plusieurs parmi eux qui se composent d'ouvriers honnêtes, pacifiques, un peu timides et inexpérimentés, mais vraiment animés d'intentions droites. Le malheur est qu'ils aient eu la naïveté ou la faiblesse de se laisser entraîner dans une étrange aventure sociale et de perdre leur indépendance, fournissant inconsciemment des troupes aux vieux partis de réaction désireux de rajeunir leur drapeau et marchant, sans autre profit que de soutenir un instant une vaine et éphémère célébrité, vers d'inévitables désastres.

Dès lors, il n'est pas étonnant que la grande masse des ouvriers de France, soit par dégoût de ce qui existe, soit aussi, il faut bien le reconnaître, par apathie et par négligence de ses véritables intérêts, se soit encore, jusqu'à présent, montrée rebelle au mouvement syndical. Il n'y a encore à l'heure actuelle que 15 pour 100 environ des ouvriers qui soient syndiqués, et combien, parmi ceux-ci, n'acceptent qu'à contre-cœur ou même en aucune façon, les doctrines des meneurs rouges ou les opinions des recruteurs jaunes!

Autant dire que tout est encore à faire ou, tout au moins, pour être plus équitable, que, sauf de très rares exceptions, nous ne sommes guère en présence que d'expériences assez malheureuses et utiles surtout parce qu'elles font éclater les défauts à éviter. Et cependant, si, tels quels, les syndicats rouges ont pu apparaître comme une force si redoutable que le patronat a presque toujours fini par céder, se laissant arracher certaines réformes utiles au prolétariat et sentant si bien son impuissance à résister directement qu'il s'est décidé, après quelques hésitations, à célébrer avec éclat le mouvement des Jaunes comme le salut de la société présente, quels merveilleux effets ne serait-on donc pas en droit d'attendre d'un mouvement syndical plus conscient, mieux éclairé, plus généreusement inspiré, plus sûrement dirigé?

Nous avons donc le droit d'espérer. Mais, qu'on ne l'oublie pas, le mouvement syndical ne peut être créé et imposé au prolétariat ni par des politiciens ni par des patrons : il doit sortir spontanément du prolétariat lui-même. Non que celui-ci ait le droit de poursuivre un mesquin et égoïste triomphe de classe ! Mais c'est son devoir de travailler à l'avènement de la Démocratie en prenant conscience de lui et en apportant son effort à l'œuvre commune.

Sans doute, la Démocratie ne peut s'élaborer que lentement et parmi bien des crises douloureuses. Rien de grand n'est jamais né qu'avec de la souffrance. Ce n'est pas une raison pour désespérer de la Démocratie.

C'en est une, au contraire, pour travailler avec plus de constance et de fidélité.

*
* *

Nous croyons donc, quant à nous, que le prolétariat français ne peut trouver ni chez les Rouges ni chez les Jaunes la satisfaction de ses légitimes aspirations.

Il y a évidemment place pour autre chose.

Certains disent : il faut faire des syndicats *uniquement et rigoureusement professionnels*.

S'ils veulent dire que le but direct et immédiat d'un syndicat est un but professionnel, c'est-à-dire l'amélioration actuelle du sort des travailleurs de la profession dans la société présente, ils ont raison. Mais s'ils entendent par là que le syndicat ne doit avoir ni tendances politiques et sociales, ni sympathies philosophiques, morales et religieuses, ils ont tort.

Les Français sont trop idéalistes, ils ont trop le goût des idées générales pour qu'ils puissent jamais se contenter d'une action syndicale étriquée et sans aucune communication avec les grands mouvements d'opinion qui entraînent le pays.

Il nous apparaît donc qu'aujourd'hui, en France, les syndicats devraient être :

1° *Vraiment professionnels;* s'ils ne sont que des comités électoraux, des centres d'anarchie, des foyers de libre-pensée, des institutions patronales, des confréries pieuses, ils manquent leur but et risquent de n'être qu'un décor hypocrite.

2° *Profondément imbus de l'esprit démocratique;* le syndicat, en effet, ne remédie pas seulement aux maux de la société présente, il prépare la société future : il ne s'agit pas seulement d'obtenir du patron des avantages, il faut aussi préparer cette transformation économique et sociale qui fera passer du patron aux ouvriers la conscience et la responsabilité professionnelles dans l'usine et dans l'atelier.

3° *Sincèrement respectueux des indispensables forces morales dont a besoin le prolétariat pour marcher vers son affranchissement progressif;* dès lors, le syndicat, même si beaucoup de ses membres n'ont pas de pratiques religieuses, doit s'abstenir de toute propagande irréligieuse, bien mieux, reconnaître dans le christianisme une merveilleuse force sociale.

Il faudrait enfin qu'ils eussent le courage de ne se mettre à la remorque d'aucun parti politique, parce que, pour le moment, aucun parti ne semble capable de travailler efficacement à l'avènement de la Démocratie et à l'émancipation du prolétariat. Les socialistes ont fait quelque chose, mais ils n'ont pas assez de confiance dans le peuple, ils rêvent tous plus ou moins d'un avilissant étatisme. D'ailleurs, leur passion anti-catholique en fait des ennemis de la Démocratie, puisqu'ils étouffent les forces que réclame celle-ci pour se développer. Il n'y a guère à retenir de leur effort qu'une partie de leur œuvre négative de critique contre le capitalisme et que le développement de certaines tendances vers une société plus juste et plus fraternelle qu'ils sont, du reste, impuissants à concevoir et à réaliser. Quant aux partis de droite, et même aux modérés, ils n'ont plus ni programme, ni discipline, ni tactique, ni confiance ; ils gémissent ou menacent de plus en plus en dehors du grand courant de la vie nationale.

Il serait regrettable que les bonnes volontés prolétariennes si nombreuses, si dévouées, d'un si sûr bon sens, s'égarassent plus longtemps avec les Rouges ou avec les Jaunes.

Les ouvriers de France ont mieux à faire, et ils peuvent, sans se mettre à la remorque de personne, trouver en eux assez de forces pour développer un mouvement syndical vraiment utile à la Démocratie.

Ces idées si simples ne peuvent pas laisser de frapper par leur évidence tous ceux qui prendront la peine de réfléchir.

Peut-être même comprendront-ils que cette constatation leur crée un devoir nouveau auquel ils n'ont pas le droit de se dérober.

XI

LE TRAVAIL SOCIAL

Nous sommes convaincus que la Démocratie ne se décrète pas, mais qu'elle doit s'élaborer lentement par un effort du prolétariat lui-même.

Il ne suffit pas de jouir d'une bonne législation du travail, de bénéficier d'œuvres économiques utilement organisées, pour avoir le droit d'affirmer que l'on est vraiment en Démocratie. Pour cela, il faut, en effet, que les citoyens soient réellement conscients et se sentent responsables de la chose publique. Il faut que dans la cité comme dans l'usine, ils soient autre chose que des machines à obéir ou à voter, incapables de se rendre compte de la portée de leur effort, du sens de leur travail.

L'éducation démocratique s'impose donc impérieusement. Mais elle exige des loisirs, elle réclame pour l'ouvrier un minimum de bien-être matériel, et voilà justement pourquoi il est impossible de suivre l'ordre logique, c'est-à-dire de réaliser d'abord l'éducation démocratique en se contentant d'affirmer que de celle-ci sortiront une législation du travail, des œuvres économiques, voire même tout un ordre social nouveau.

Sans doute, il est exact de dire que la réforme des mœurs doit précéder la réforme des lois; mais la législation ne doit-elle pas aussi servir, dans une certaine mesure, à permettre aux mœurs de se modifier ?

Aussi bien, réclamons-nous et le repos hebdomadaire et la protection légale des travailleurs et les retraites ouvrières et, d'une façon générale, toutes les réformes législatives démocratiques. Pour nous seulement, ce n'est pas un but, c'est un moyen qui, assurant plus de sécurité à la vie matérielle de l'ouvrier, lui permettra d'élaborer lui-même les profondes transformations sociales que, sans doute, l'avenir nous réserve.

De même, les syndicats, les coopératives nous apparaissent comme utiles et bienfaisants, mais nous savons bien qu'ils ne seront de véritables instruments de transformation sociale que dans la mesure même où ils seront animés d'un esprit démocratique. Or, ne voyons-nous pas trop souvent, hélas ! les syndicats servir d'armes de politique anticléricale ou, au contraire, de désunion prolétarienne, suivant que certains révolutionnaires ou certains patrons s'en sont faits les initiateurs ? Quant aux coopératives, ne risquent-elles pas de perdre toute leur puissance rénovatrice, si le boni collectif est intégralement partagé entre les sociétaires qui seront bientôt tentés de confondre cette œuvre d'émancipation avec une vulgaire entreprise commerciale ?

Qu'on ne l'oublie donc pas ! L'action sociale peut tendre seulement à remédier aux maux les plus criants de la société actuelle : elle est alors intelligemment conservatrice. Ou bien, elle s'efforce de tracer hardiment le chemin à des conceptions sociales nouvelles ; alors elle est vraiment transformatrice, d'aucuns diraient. —

tant les mots ont perdu maintenant de leur ancienne brutalité, — révolutionnaire.

Quant à nous, nous voulons voir dans les œuvres économiques qui sortent de l'initiative de nos camarades, d'abord évidemment des remèdes mais surtout peut-être des pierres d'attente d'un édifice futur.

Nous, du moins, nous ne mériterons pas d'être accusés d'utopie, car nous savons que si l'expérience, le travail positif et la science, ou plutôt l'art social, doivent nous permettre de créer les cadres matériels de la Démocratie future, c'est l'amour du Christ qui développera dans nos cœurs l'indispensable énergie démocratique sans laquelle toutes nos espérances d'avenir risqueraient jamais de demeurer de brillantes mais vaines chimères.

DEUXIEME PARTIE

LA GUERRE RELIGIEUSE

I

UNE QUESTION POSÉE

La guerre est déclarée à l'Eglise de France. Les modérés et les habiles ont longtemps essayé de s'illusionner. Ils ont feint de croire aux hypocrites ou impuissantes bonnes volontés de quelques ministres éphémères ; ils ont fait prévaloir la conciliation à outrance jusque dans les conseils du grand pape Léon XIII ; toujours soucieux de paraître informés et avisés, ils n'ont pas craint d'être dupes.

Tout de même, il a bien fallu se rendre compte à la fin des desseins concertés de l'adversaire, lorsqu'il est apparu à tous qu'ils étaient déjà exécutés. Rome ne pouvait pas indéfiniment se taire. Elle avait le devoir de parler au nom des éternels principes dont elle a la garde. C'est ce que fit Pie X, avec la calme et majestueuse sécurité qu'il puisait dans la certitude d'accomplir un impérieux devoir de son magistère spirituel.

Dès lors, l'Eglise de France commençait à sentir nettement qu'elle était à la veille d'une de ces grandes luttes dont l'histoire garde, à travers les siècles, le souvenir glorieux ou tragique. Il lui importait de se ramasser pour le combat, de fortifier l'autorité de ses pasteurs, de concentrer toutes ses énergies pour une action unanime et disciplinée. C'est ce que les catholiques de France ont aisément compris.

Mais si l'Eglise a des promesses d'immortalité, sa vie, dans les différents pays où s'exerce sa divine activité sur les âmes, n'est pas, hélas! à l'abri de la décadence et de la mort. Le catholicisme s'est déjà retiré de provinces qu'il avait autrefois fécondées, comme les fleuves qui ne disparaissent pas de la carte du globe, mais dont le cours vient parfois à changer. Plus encore peut-être que notre filial attachement à l'Eglise divine, notre patriotisme peut se sentir troublé d'inquiétudes et d'appréhensions en face de l'avenir nouveau qui semble s'ouvrir brutalement devant nous.

En effet, on parle sans cesse d'union de tous les catholiques sur le terrain de la défense religieuse, et certes on a raison. Mais il s'agit encore de savoir quelles forces on va unir ainsi, quelles puissances de pénétration dans le pays, quelles forces de conquête on va grouper en faisceau. Et, qu'on y prenne bien garde, à supposer même que, par impossible, l'on parvienne à éliminer tout à fait de cette union les groupements politiques étrangers à tout désir sincère de propagande religieuse, les intrigants, les arrivistes, tous ces intrus qui savent toujours se glisser jusqu'au cœur même des oppositions, comme des vers rongeurs dans les fibres les plus profondes du bois des arbres, le problème n'en demeurerait pas cependant plein d'une inquiétude moins angoissante.

Ce catholicisme, qui est la vérité religieuse éternelle et absolue, Dieu n'a pas voulu cependant — tant il a tenu à respecter la liberté humaine — qu'il s'imposât à toute intelligence et à toute volonté mécaniquement, comme par une toute puissante fatalité, sans résistance possible. Il a au contraire tenu à associer des hommes à sa défense et à sa propagation. Ce sont des hommes qui rendent témoignage devant leurs contemporains et leurs compatriotes, non seulement de sa vertu morale et individuelle, mais encore de sa vertu sociale. Dès lors, il y a comme un premier jugement qui est porté non sur la doctrine, mais sur son opportunité, non sur le Christ, mais sur ceux qui se donnent comme ses disciples. Et ce premier jugement a coutume de tenir le second en suspens, si bien qu'il y a en vérité comme une sorte de catholicisme tout extérieur et humain qui retient d'abord les regards et qui, s'il les choque et les repousse, les empêche de pénétrer jusqu'à l'essence divine de l'Eglise éternelle.

Grouper ensemble tous les catholiques de France ne servirait donc à rien si les catholiques de France ainsi groupés n'étaient plus capables d'action conquérante sur leur temps et sur leur pays, s'ils en étaient venus à perdre cette indispensable conscience qu'ils correspondent aux besoins de ce temps et de ce pays, qu'ils sont les seuls à pouvoir vraiment satisfaire leurs légitimes aspirations.

Or, ni la discipline, ni l'obéissance, si indispensables sans doute, ne peuvent remplacer ces ressorts intimes d'une énergie qui n'a d'expansion que si elle est spontanée et comme instinctive.

Plusieurs, qui ne savent que crier sur un mode arrogant ou plaintif : « De l'union ! toujours de l'union ! », se réjouissent toutes les fois que l'autorité croit devoir arrêter une initiative intempestive, signaler les périls d'une hardiesse trop dangereuse. Ils se figurent que cette œuvre toute négative va suffire à donner aux milieux catholiques une sève féconde. Ils ne se soucient que de dénoncer les erreurs et n'ont guère à cœur de répandre la vérité. Ils ne pardonneront pas une intempérance de langage, mais ils excuseront volontiers ceux sur la conscience de qui le silence pèse comme une lourde faute. Ils considèrent comme haïssable celui qui fait un faux pas, et gardent toute leur indulgence pour celui qui demeure immobile et refuse d'avancer.

Sans doute, nous prisons à sa juste valeur la

discipline religieuse qui doit réunir tous les catholiques autour de l'autorité des pasteurs légitimes, et, en de récentes circonstances où il y avait quelque courage à le faire, nous n'avons pas craint de proclamer bien haut notre docilité, consciente et libre, à la voix du curé, de l'évêque ou du Pape, seuls chefs autorisés qui puissent s'imposer indistinctement à l'obéissance de tous les fidèles de la paroisse, du diocèse, du monde entier. Mais, encore une fois, l'Eglise ne vivra dans notre pays que si, séparée de l'Etat français, elle demeure chaque jour plus indissolublement unie au peuple de France. Or, cette union, aucun commandement, même venu de Rome, ne peut l'imposer au pays, puisque Dieu même, qui est plus grand que le Pape, n'a pas voulu attacher à sa Vérité et à son Amour divin les hommes malgré eux. Dès lors, il faut que la foi catholique la plus intégrale se rencontre dans les mêmes consciences avec le sens le plus exact des nécessités contemporaines et la sympathie la plus sincère et spontanée pour le temps présent et ce qu'il y a de légitime et de généreux dans ses désirs.

Quelle figure vont faire les catholiques de

France dans la lutte qui commence? Comment seront-ils jugés par l'opinion publique, qui pardonne sans doute plus volontiers l'intransigeance de doctrines qu'elle ne partage pas encore qu'une allure hostile et hargneuse? Quelle tendance va dominer, la bonne humeur conquérante qui essaie de tirer le bien du mal et qui bénit toute liberté nouvelle de faire le bien, même lorsque celle-ci n'a été concédée que comme incomplète compensation d'une injustice qu'elle réprouve, ou l'amertume qui se répand sans cesse en reproches inutiles, même s'ils sont mérités, et en aigres récriminations qui ne font qu'indisposer ceux qu'on devrait convertir? Où le clergé va-t-il chercher son meilleur point d'appui, dans les vieilles classes impuissantes en qui le pays n'a plus confiance ou dans les éléments les plus jeunes, les plus énergiques, les plus confiants en l'avenir, d'un peuple dont toutes les aspirations les plus profondes, que les socialistes ont en vain viciées et trompées, réclament impérieusement la foi du Christ? Comment et sur quel terrain se livrera la bataille? Avec quelles armes et quelles formations? Autour des vieilles conceptions sociales, pour essayer de soutenir encore leurs murailles lézardées, ou bien sur le sol même où doit se bâtir la cité future et où tant de mains, folles ou criminelles, ont commencé déjà à tracer leurs plans utopiques ou coupables ?

Voilà le problème. On aura beau se boucher les yeux pour ne pas le voir, il n'en demeure pas moins posé.

Nous croyons, quant à nous, que ce serait manquer à notre devoir que de ne pas nous essayer à le résoudre en toute prudence et bonne foi. L'Eglise, certes, ne trouvera pas d'enfants plus soumis que nous à son autorité, qui descend directement de Jésus-Christ lui-même. Mais cette autorité n'est pas celle d'un tyran : c'est celle d'un père.

L'Evangile nous enseigne qu'un maître avait remis plusieurs talents à ses serviteurs : à l'un cinq, à l'autre deux et au dernier un seul talent. Le dernier se dit : « Le maître est dur et sévère, enfouissons le talent sous le sol, car nous pourrions le perdre en essayant de le faire fructifier. » Il le cacha donc dans la terre et lorsque le maître revint, il lui rendit ce que celui-ci lui avait confié. Les autres, pourtant, plus confiants dans la bonté du maître, lui rendirent non seulement les talents prêtés, mais tout le fruit rapporté par cet argent. Or, le maître s'indigna contre celui-là et combla ceux-ci de ses faveurs.

S'il en est ainsi entre le maître et les serviteurs, combien à plus juste titre encore entre nous et ce Maître divin qui, avant de quitter le monde, disait à ses disciples : « Je veux vous donner un nom nouveau et vous appeler mes amis... »

Ne craignons donc pas de faire fructifier dans notre temps et dans notre pays les semences de vérité et de fraternité divines dont l'Eglise est l'inflexible gardienne, et qu'elle jettera dans les sillons, pourvu que nous ayons le courage de les creuser nous-mêmes. Ne disons jamais : « Le Maître est sévère et dur ; contentons-nous de répéter, sans y changer un mot, la lettre des enseignements qu'il nous a donnés ; ne nous efforçons pas à les vivre et à transfigurer les aspirations du temps et du pays qui sont les nôtres, rendons au Maître sans rien y ajouter de nous-mêmes le dépôt de vérité qu'il nous a donné. »

Non. Ce n'est pas d'une vérité morte, et que

nous aurons tuée en l'enfouissant dans notre égoïsme, dont nous lui sommes redevables, mais c'est bien d'une vérité vivante, et dont nous aurons sans cesse rendu témoignage devant les hommes par les multiples applications individuelles et sociales que nous en aurons faites.

Ayons donc confiance en la bonté du **Père** de famille. Nous sommes des fils de la nouvelle alliance, des enfants de liberté, ne laissons surtout jamais accréditer cette injurieuse et funeste idée que l'Eglise exige de ses fidèles la stupide et morne obéissance de l'esclave, alors que l'Eglise au contraire est la divine société de ceux qui librement communient dans l'amour du même Christ, unis non par les chaînes honteuses, mais par le don conscient qu'ils font d'eux-mêmes à un Dieu qui ne s'est penché jusqu'à eux que pour les élever jusqu'à lui.

Plus que jamais, parmi les heures troubles du temps présent, nous devons faire dans la paix et la joie tout notre devoir, sachant bien qu'il y a un devoir de liberté comme il y a **un** devoir d'obéissance, et que ceux-là seuls qui pratiquent le premier sont à même d'accomplir le second.

II

APRÈS LA RUPTURE

La diplomatie française est très prudente. Elle respecte scrupuleusement les traités, se garde bien de créer des embarras aux puissances. Sa correction et l'humilité même de ses prétentions finissent par désarmer jusqu'à l'arrogant Kaiser. La question du Maroc, cette pomme de discorde, malgré les pressentiments de beaucoup, n'est pas encore parvenue à armer les unes contre les autres les grandes nations de l'Europe.

Il y a pourtant une puissance que le gouvernement français traite très cavalièrement. Il est vrai que ce n'est pas une puissance militaire : ce n'est qu'une puissance morale.

Le traité qui unissait à l'Église catholique la nation française a été déchiré par celle-ci. On n'a même pas consulté l'autre partie contractante. On a agi avec hardiesse, hauteur et violence. Cela n'était pas dangereux. Le Pape n'a ni canons, ni soldats ; on peut, vis-à-vis de lui, se payer le luxe de l'insolence, et se dédommager ainsi à bon compte d'attitudes trop serviles que la crainte des autres souverains impose et qui risquent de finir par humilier le pays.

Le Concordat est donc dénoncé. Ce n'est pas à dire pour cela que l'État entend ignorer l'Église. Bien au contraire. L'Église sera plus étroitement surveillée que jamais. Toute une série de règlements, une constante menace d'amende et de prison empêcheront les prêtres d'user, au sein des associations cultuelles, du droit de parler et d'agir communément reconnu aux autres citoyens dans les groupements où s'exerce leur activité.

Tout de même on pourra crier devant la foule naïve : « L'Église libre dans l'État libre ».

On dira aussi que l'opinion publique française n'étant plus catholique, la logique exige que l'État n'entretienne plus le culte catholique. Et l'on oubliera d'ajouter qu'il y a cent ans l'État, s'emparant des biens de l'Église, avait assumé la charge de dédommager celle-ci en servant à ses ministres une rente, très inférieure d'ailleurs aux revenus des biens nationalisés.

Certains répliqueront sans doute que l'Église assurait autrefois des services publics — ceux de l'assistance et de l'instruction, — que l'État, laïc aujourd'hui, entend prendre à sa charge. Mais les biens d'églises ne servaient-ils pas avant tout à assurer le culte catholique, et ce culte catholique, l'État n'a-t-il pas justement décidé de cesser d'en garder l'entretien à sa charge? Or, il y a encore, en France, beaucoup de citoyens qui réclament ce culte : donc, vis-à-vis de ceux-ci, c'est une véritable spoliation.

Au reste, il faut constater que la séparation de l'Église et de l'État, cette aventure que tous les ministères, même les plus avancés, avaient, jusqu'alors, redoutée comme périlleuse et grosse de conséquences inattendues, semble, jusqu'à présent, s'être effectuée sans de trop graves difficultés. Les ministériels eux-mêmes peuvent en être étonnés et se reprocher presque comme une faiblesse leurs terreurs d'antan.

Ils ont bien pris leurs petites précautions pour ne pas trop froisser l'opinion. Ils ont habilement ménagé les transitions, se sont donné certaine allure de libéralisme et ont décidé de conserver les églises aux catholiques, si bien que, dans le public, il est fort à supposer que l'on ne verra pas grand'chose de changé.

Quant aux catholiques, ils sont depuis longtemps si accoutumés à être molestés, et leurs journaux ont tellement pris l'habitude de prophétiser les pires malheurs, qu'ils ne sont pas bien surpris de ce qui leur arrive, et que certains pensent, sans oser bien entendu le crier trop fort, qu'on s'en tire en somme à assez bon compte.

D'ailleurs, on s'indigne, on proteste, pour n'en pas perdre l'habitude. On donne au Pape le conseil de prêcher la résistance à la loi. On ose espérer qu'il sera plus énergique que son prédécesseur. On se déclare tout prêt à renouveler les petites manifestations de Bretagne lors de la fermeture des écoles. On attaque plus violemment que jamais la République sectaire et jacobine. On affirme que c'est tout à fait le moment de faire le *parti catholique*. On compte sur un réveil de ces 36 millions de baptisés qui subissent le joug honteux de quelques milliers de francs-maçons...

On parle ainsi par acquit de conscience, et l'on croit que c'est pour sauver l'honneur du drapeau. En réalité, on n'a pas confiance, on se sent épuisé, désemparé, vaincu.

Et pendant ce temps, quatre vieillards, les cardinaux de France, dont la pourpre auguste recouvre beaucoup de douceur, de piété, d'indulgence, de bonté, mais combien aussi de tristesse, de désillusions, de dégoût et de découragement, s'entretiennent ensemble et se demandent ce que va devenir ce grand pays chrétien dans lequel il y a si peu de croyants, cet immense troupeau dont ils ont la garde mais dont si peu de brebis entendent encore leur voix.

... Et pour se donner du cœur, pasteurs et fidèles répètent que ce silence de l'Église de France est imposant, qu'il intimide les sectaires eux-mêmes, que le Pape va bientôt parler, et que, comme autrefois Jésus sortant de son sommeil calma les flots impétueux du lac, le successeur de Pierre apaisera les tempêtes de sa voix souveraine.

Oui, Jésus put commander aux choses inanimées, et leur imposer les desseins divins de sa volonté rédemptrice, mais Dieu lui-même, le Tout-puissant, puisqu'il a créé l'homme libre, n'a pas voulu sauver les hommes malgré eux ou sans eux.

Peuples ou individus, nous sommes les collaborateurs du Maître, les coopérateurs nécessaires de son œuvre auguste. N'attendons ni du Pape, ni même de Dieu, un lâche salut qui nous dispenserait d'efforts, d'initiative, de travail viril et libre !

Ni les larmes des saints, ni le sang des martyrs, ni les miracles du Très-Haut ne serviront de rien si nous avons des yeux pour ne point voir, des oreilles pour ne point entendre, si notre cœur est scellé comme le tombeau d'un mort.

Il faut reconquérir au Christ l'opinion publique française. Il faut gagner la France âme par âme. Il faut refaire partout des centres de vie chrétienne intense, conquérante. Partout il faut prendre l'offensive, non la stérile et impuissante offensive de la politique aux abois, mais la sainte offensive de l'Amour divin, qui pénètre les profondes aspirations du peuple, et, au delà des fausses convoitises du siècle corrupteur, entraîne la pensée contemporaine jusqu'à une réalisation meilleure et plus sûre de ses désirs les plus nobles, et de ses ambitions les plus hautes.

Non, nous ne sommes pas des désespérés. L'Église a traversé d'autres crises. Elle est sortie triomphante d'autres épreuves. Mais ne l'oublions pas, notre devoir n'est pas seulement de nous endormir dans la sécurité d'une paresseuse soumission. L'obéissance n'est une vertu que lorsqu'elle est acceptée par des cœurs vivants et actifs, par des énergies toutes tendues vers la bataille, capables de s'y élancer spontanément lorsqu'on leur en laisse la liberté sainte. L'obéissance ne doit jamais être la lâche excuse des hésitants, des timides et des courages aveulis.

Plus que jamais, nous redoublerons d'ardeur. Plus que jamais, nous mettrons notre confiance dans l'œuvre d'éducation populaire que nous avons entreprise et qui consolera un jour l'Église de tous ses deuils en ramenant au Christ la Démocratie française.

III

L'ÉGLISE LIBRE

L'État a la force pour lui. Il est armé. Il commande ; et l'on sait combien le tempérament de nos compatriotes, malgré une certaine indépendance d'allure extérieure, est, en somme, facilement disciplinable. L'Église n'a pas de puissance matérielle. C'est seulement une force morale. Mais cette force pèse d'un poids infini dans les balances de la destinée, car l'Église parle aux consciences et ses ordres s'inscrivent au plus profond des cœurs.

On aime l'Église avec enthousiasme, avec tendresse, avec passion. Personne n'aime l'État.

Derrière l'Église, les fidèles découvrent le Dieu d'Amour dans le divin recueillement du tabernacle mystique. L'État n'a pas de fidèles. Il n'a que des serviteurs, des esclaves surtout, soucieux seulement de vivre des largesses du maître, et toujours prêts à en changer si leur intérêt l'exige. L'État est impersonnel, abstrait. En vain, depuis plus de cent ans, il s'essaye à échafauder une morale et des dogmes laïques. Tout cela s'effondre toujours piteusement. L'édifice ne tient pas debout.

L'Église peut avoir, en France, une admirable situation morale. Affranchie des dangereuses servitudes que faisait peser sur elle le Concordat, et, en même temps, victime aux yeux des gens impartiaux de l'injustice et de la violence qui ont fait déchirer ce traité par une des parties contractantes qui n'a même pas pris la peine d'en informer l'autre, demeurant comme une réserve d'énergies toujours prêtes et dont le gouvernement ne saurait se passer, puisque, refusant de s'en servir, il apparaît bien aux yeux de tous qu'il mène le pays à sa ruine, l'Église peut finir par devenir le dernier espoir et la suprême pensée de ceux-là mêmes qu'auront trop longtemps dupés les sophismes des rhéteurs et l'idéologie des vains prophètes.

Un obstacle cependant arrête cette sûre et souveraine ascension de l'Église à travers nos sociétés modernes, qui cherchent en tâtonnant l'autel de ce Dieu inconnu dont pourtant, depuis tant de siècles déjà, l'Église garde et défend les sanctuaires. Une cruelle équivoque pèse comme un lourd bandeau sur les yeux des foules. Le grand pape Léon XIII a en vain usé son effort à déchirer ces voiles malfaisants. Trop d'intérêts s'étaient coalisés contre lui ; la résistance de certains, l'inintelligence de plusieurs, la mauvaise volonté d'un grand nombre devaient étouffer ses paroles et les empêcher d'enfanter de l'action.

D'ailleurs, ce n'est pas un mot d'ordre, de quelque auguste autorité qu'il tombe, qui pourra jamais changer un tempérament, créer un esprit nouveau. Loin de nous certes l'injurieuse prétention de nier l'importance de l'œuvre de Léon XIII. Il fut un voyant et un prophète. Il affranchit l'idée catholique des vilaines chaînes dont l'avait chargée la politique et que malgré leurs nouveaux efforts, les contempteurs de l'illustre Pape seront à tout jamais impuissants à resserrer à nouveau sur elle. Mais ce que le Pontife ne pouvait faire, ce qu'il se contentait seulement de désirer avec son grand cœur qui aimait la France, c'est une nouvelle génération de catholiques, non plus hostilement isolés dans un siècle et dans un pays dont toutes les aspirations leur fussent étrangères, mais au contraire intimement mêlés à la vie nationale, entraînés à l'apostolat social, généreuse et hardie avant-garde de la Démocratie, et non timide et boudeuse arrière-garde.

Ce sera là l'œuvre de notre génération. Et certes, nous n'attendrons pas, ainsi que l'ont fait certains des premiers admirateurs de ce que l'on a appelé, peut-être assez improprement, la *politique de Léon XIII*, que des ordres venus de Rome viennent imposer à tous notre façon de comprendre le travail social et démocratique dans la France d'aujourd'hui. Nous n'avons pas le lâche souci de renoncer à toute responsabilité et de nous décharger du poids de toute initiative, et nous croyons que nous avons un devoir civique à remplir et que notre caractère de catholiques ne fait pas de nous des citoyens diminués, mais, tout au contraire, plus riches en ressources et en énergies sociales.

C'est en vain que les ennemis de l'Église essaient de prétendre que le *réveil catholique* n'est qu'une tentative insurrectionnelle des monarchistes aux abois. Certes, si le parti royaliste eût existé sérieusement en France, s'il eût eu quelques possibilités de succès, les événements actuels auraient été plus qu'aucuns autres capables de raffermir ses prétentions. Il n'en eût pas fallu tant à beaucoup de partis pour devenir capables de ressaisir le pouvoir.

Et cependant l'insurrection royaliste est si peu à craindre que ce qui peut-être mettra le plus aisément fin aux résistances violentes, ce sera justement l'effroi de nos populations de passer pour monarchistes.

D'ailleurs, je ne sache pas que les paysans des Cévennes soient précisément très amis des châteaux, ni que la circonscription qui envoya à la Chambre l'abbé Lemire, et où, pour la première fois, un défenseur des églises tomba mortellement frappé, puisse être considérée comme un coin de France hostile à la République.

Les royalistes révolutionnaires ou solutionnistes ne parviendront pas à tirer à eux et à compromettre dans leur impopularité le mouvement de réveil qui ranime les jeunes générations catholiques.

L'Église restera libre et sera encore demain comme autrefois la grande pourvoyeuse de forces morales qui nourrit d'idéal sans partialité ni exclusivisme toutes les sociétés humaines.

IV

LA REVANCHE DE L'ÉGLISE

C'est un admirable et étonnant spectacle que la lutte présente, où nous trouvons engagés l'Église et le gouvernement français.

Ce n'est pas une bataille ordinaire où sur un terrain qui leur est commun les deux adversaires luttent plus ou moins heureusement mais avec les mêmes armes. Ici, rien de semblable : le combat est doublement inégal. L'Eglise n'a absolument aucune force matérielle pour résister à l'État tout-puissant ; mais quoi de plus impuissant que cette omnipotence brutale, si l'État ne connaît rien de l'Église, de sa constitution intime, des sources de son autorité, des promesses divines qui l'accompagnent dans sa course à travers les siècles ?

Aussi bien l'Église et l'État ne se rencontrent-ils pas véritablement. C'est en vain que le pouvoir civil, tantôt par d'habiles concessions, tantôt par d'effrayantes menaces, essaye d'intimider l'Église. Celle-ci lui oppose une résistance d'autant plus invincible que, dépouillée déjà de toute son autorité temporelle, de toutes ses richesses, elle ne saurait guère être appauvrie davantage. La rancune et la colère de ses adversaires ne peuvent plus espérer que lui enlever le sang même de ses fils ; mais ses ennemis n'osent, car ils ne sont que trop convaincus de la sublime vérité de la parole de Tertullien : « Le sang des martyrs est une semence de chrétiens. »

Et qu'on ne nous parle pas de l'inintelligence politique du pape Pie X, du mysticisme moyenâgeux de ses conseillers, de l'imprévoyante intransigeance du Vatican ! Dieu guide son Église par les voies qu'il a choisies, et ceux qui se hâtent toujours de signaler les erreurs et les fautes de tactique du Pape, ne le font bien souvent que parce qu'ils jugent toutes ces choses avec la même prudence charnelle et réclament du successeur de saint Pierre le talent assoupli d'un diplomate et d'un homme d'État, bien plutôt que la vertu et la sagesse surnaturelles d'un Pontife.

D'ailleurs, les desseins de Dieu sont impénétrables. Il se joue de notre science et de nos prévisions, et pour que les clartés rédemptrices surgissent d'un point de l'horizon, il suffit que son doigt l'ait marqué.

Toutefois, nous ne craignons pas de le dire hautement : la persécution présente ne nous déconcerte nullement. Nous espérons même que de l'immense désastre matériel de l'Église de France, sortira bientôt, sans doute, le plus admirable triomphe moral.

Toute l'organisation extérieure du catholicisme en France est donc brisée, les derniers privilèges dont jouissait encore l'Église, anéantis. Mais, du même coup, ce sont des servitudes et des équivoques qui tombent. Contrainte de ramasser autour de la hiérarchie ses énergies éparses et anémiées, forcée de ne plus compter que sur le concours de ses vrais fidèles et de séparer le froment de l'ivraie, l'Église traversera dans notre pays et peut-être même bientôt dans le monde tout entier, une crise d'où elle ne saurait sortir que rajeunie et affermie, mieux adaptée aux nécessités de la vie contemporaine, plus vigoureuse et plus conquérante.

Ses ennemis ne le comprennent pas, parce qu'ils s'entêtent à ne voir en elle qu'une société humaine comme toutes les autres, dont l'histoire ne doit remplir que quelques siècles et qui, sortie d'un berceau sanglant, après avoir converti ou écrasé ses contradicteurs et dominé le monde, traîne maintenant sa lente agonie parmi l'indifférence des peuples que retiennent d'autres débats et que passionnent d'autres espoirs.

Ils se trompent. Et c'est justement pour cela que leur impatience et que leur fureur se retourneront toujours contre eux. Il ne leur appartient pas d'éteindre la conscience religieuse. En la comprimant, ils ne feront que la rendre plus pressante. En détruisant tout ce qu'elle a produit de frondaisons dans le pays, ils ne feront qu'accroître l'énergie de sa sève et la pousseront ainsi plus ardente à travers de nouveaux rameaux.

D'ailleurs, leur pouvoir même, ils ne le doivent en somme qu'à l'opinion publique ; et les voici qui détruisent de leurs propres mains les utiles équivoques qui, en représentant l'Église comme une cliente de l'État, dont les privilèges et les institutions matérielles ne correspondent plus à l'influence morale sur le pays, ameutaient contre elle les rancunes et les colères populaires. Leur victoire même risque de devenir la pire des défaites si elle leur retire les armes dont ils ont besoin pour défendre leur conquête.

Nous sommes donc sans inquiétude sur l'issue de la lutte. La belle unité de tous les fidèles et de tous les pasteurs autour du pape, et le pitoyable échec de toute tentative de schisme, est, certes, un réconfortant spectacle.

Une autre question se pose, plus angoissante.

Les catholiques de France resteront-ils cette petite minorité que l'on va bien voir maintenant qu'ils sont dans le pays, — malgré les pompeuses déclarations de plusieurs qui parlent sans cesse des trente-six millions de catholiques, comme si ces baptisés n'avaient pas renoncé en masse à la foi et aux engagements de leur baptême, — ou bien auront-ils assez d'énergie morale, assez de force d'expansion, assez d'intelligence des besoins sociaux contemporains, pour découvrir jusque dans les rêves de leurs adversaires cette âme de christianisme qui s'y cache, pour la délivrer et pour refaire dans le pays, autour de l'idéal que le Christ est venu apporter au monde, une féconde unité morale et religieuse ?

En face d'un tel problème, nous ne craignons pas de le dire, tout le reste, — quelque injustes, douloureuses et cruelles que soient les vexations gouvernementales, — n'est que secondaire. Que l'on reprenne les évêchés et les séminaires, que l'on s'empare des maisons de pierres, que l'on contraigne même les prêtres à déserter les églises, en leur imposant des déclarations que le pape leur défend, on n'aura rien conquis sur l'Église si l'on n'est pas parvenu à la faire renoncer à sa vocation de conquérante, à engourdir son ardeur, si, dégoûtée de tant de difficultés et de luttes, elle n'est pas résignée à n'être plus qu'une petite chapelle étroite et fermée.

Or, nous savons que cette victoire-là les sectaires ne sont pas près de la remporter, et que plus ils éparpilleront aux quatre coins du pays les prêtres du Christ, plus ils rempliront leurs casernes de séminaristes, plus, du même coup, ils mêleront le levain à la pâte, et sèmeront eux-mêmes, dans notre société française, des germes de régénération chrétienne.

Plus que jamais, donc, notre devoir est de travailler à élever vers la justice et vers l'amour l'âme de la Démocratie, car c'est d'elle, et non pas des diplomates et des gouvernements, que nous attendons les réparations auxquelles l'Église a droit.

V

RÉSURRECTION

L'Eglise de Dieu ne se défend pas comme un parti humain. Elle ne triomphe pas de l'extermination de ses adversaires, mais de leur conversion. Elle combat pour ceux-là mêmes qui la persécutent et demande à Dieu que les souffrances qu'elle endure servent à racheter jusqu'aux fautes de ceux qui la font souffrir.

C'est donc ne rien comprendre aux moyens de conquête de l'Eglise que de demander aux catholiques de limiter aujourd'hui leur effort à une œuvre de défense religieuse, de n'avoir d'indignation qu'en face des injustices dont ils sont personnellement victimes et de renoncer à s'occuper de ce qui ne semble pas les toucher directement.

Leur force, au contraire, sera de trouver, au milieu même de leur détresse, assez d'énergie pour se porter au secours de tous les opprimés, assez d'universelle fraternité pour se sentir solidaires de toutes les causes nobles et généreuses. En agissant ainsi, ils offriront au monde un grand exemple et montreront à tous de quel esprit ils sont.

Il faut que les catholiques d'aujourd'hui tâchent d'imiter leurs saints et illustres aïeux qui, tout chargés de chaînes et couverts de blessures, levaient encore leurs bras pour guérir les malades au nom de Jésus-Christ et répandaient, avec leur sang, le salut du genre humain.

Si, par malheur, ils renoncent à l'évangélique charité, si la fureur de leurs ennemis réveille en eux le vieil homme et s'ils jugent qu'il est temps enfin de renoncer aux maximes du Christ pour en revenir au vieil adage : « Dent pour dent, œil pour œil », du même coup, ce sont les persécuteurs qui triomphent et la croix du Christ qui est vaincue puisqu'elle est souffletée par ses défenseurs mêmes.

Aussi bien, croyons-nous très fermement que nous avons eu raison, au moment même où s'ouvrait pour l'Eglise de France une ère nouvelle et où tous les cœurs chrétiens se sentaient douloureusement étreints par l'angoisse d'une grande appréhension, de prendre publiquement la défense des petits héros de la Pologne, dont nul ne semblait ici vouloir sérieusement s'occuper, et de nous efforcer de démontrer, par les travaux et les réunions de notre Congrès syndical, que le prolétariat a besoin, s'il veut travailler à son émancipation véritable, de forces morales et religieuses que le christianisme lui offre en surabondance.

Certes, rien n'était plus opportun que ces initiatives, rien n'était mieux fait pour prouver que le désarroi actuel de l'organisation matérielle du catholicisme en France n'arrête pas l'efficacité sociale de la religion, ne détruit pas sa merveilleuse fécondité !

Il faut bien croire que cette preuve déplaît à nos adversaires et que rien ne les déconcerte et ne les effraie autant que la bonne humeur, l'entrain et la confiance avec lesquels la jeune génération catholique, malgré toutes les entraves que l'on a disposées sur sa route, continue son chemin et devance chaque jour davantage les timides et impuissants réformateurs sociaux de l'anticléricalisme.

Et ceux-ci en sont souvent réduits aux plus pitoyables expédients. C'est ainsi que, parfois, ils nous prêtent les propos les plus absolument contraires à ceux que nous tenons, nous font dire, par exemple, que nous sommes pour la monarchie, contre les réformes sociales, nous accusent d'insulter tous les libres-penseurs qui se déclarent partisans de la Justice et de la Fraternité.

Voilà, certes, le plus significatif aveu d'impuissance de nos adversaires. Ils n'essayent souvent de nous combattre qu'en tâchant d'abord d'étouffer notre voix, et quand ils ne peuvent y parvenir et subissent la réprobation de ceux mêmes de leurs amis qui ont encore gardé quelque honnêteté et qui ne craignent pas de les flétrir publiquement, alors ils se vengent de la loyauté de nos paroles, de la sympathie qu'elles nous valent par la plus pitoyable des revanches : leur rage grimaçante se répand librement à travers les journaux, et ils s'imaginent, par les mensonges de leurs récits, empêcher ce qui fut d'avoir été, ou, tout au moins, en corrompre le souvenir dans la mémoire.

Mais rien n'y fera. Ni la puissance des lois sectaires, ni la violence d'une presse qui spécule trop sur la naïveté publique, ni la conspiration du silence, ni les multiples vexations dont on fera toujours souffrir davantage les plus faibles, rien ne parviendra à changer ce qui est : l'âme contemporaine a conçu un rêve de justice et de fraternité qui vient du Christ et qu'il est insensé de vouloir réaliser contre le Christ.

Nulle force, nulle habileté, nulle tyrannie n'empêchera la prochaine bataille de se livrer entre le matérialisme païen et l'esprit chrétien, sur le terrain même que la Providence a marqué. On ne pourra pas toujours retenir dans les cadres étouffants d'un infécond anticléricalisme ceux-là mêmes qui, sans adopter tout notre credo religieux, ont l'âme remplie d'un semblable idéal d'équité, de solidarité sociale et, dans l'intimité de leur cœur, rendent hommage, sans le savoir, au Dieu inconnu dont l'amour les attire. On ne pourra pas non plus s'embarrasser toujours, dans l'armée fidèle des soldats de l'Eglise, de ces étranges défenseurs, mercenaires païens qui ne voient dans la religion qu'une force qu'ils protègent pour s'en servir ensuite et la soumettre à leurs desseins profanes.

Il faudra bien que les barrières pourries des classifications et des partis finissent par craquer et que, sous l'effort des âmes libres, fatiguées du joug odieux qu'on a trop longtemps fait peser sur elles, jaillisse l'avenir.

VI

QUE VA FAIRE LE CLERGÉ DE FRANCE?

Nous sommes des laïques. Nous n'allons pas chercher un mot d'ordre politique à Rome, et nous avons en trop haute estime l'autorité religieuse pour qu'il ne nous répugne pas d'essayer de la compromettre dans des querelles de partis.

Comme notre but est de réaliser la République démocratique, nous ne saurions refuser de collaborer loyalement avec tous ceux qui, consciemment ou non, ont entrepris le même travail. Notre effort est situé sur le terrain temporel. Notre œuvre n'est pas confessionnelle.

Cela suffit pour que, dans certains milieux

catholiques, on nous déclare une guerre à mort.
Ni les cruelles leçons de l'expérience, ni les
conseils avisés de Léon XIII, qui recommandait
aux catholiques français de ne pas s'isoler et de
travailler loyalement au bonheur de la société
civile en union avec tous les honnêtes gens,
rien n'a réussi à ouvrir les yeux de ces malencontreux défenseurs de l'Église dont l intransigeance est surtout faite d'étroitesse d'esprit.

Plus l'Église est combattue, plus il semble
que le vent de l'impiété l'ait déracinée du sol de
notre pays, plus ces catholiques cléricaux se
replient dans une attitude de défense hargneuse,
plus ils parlent de boycotter tous ceux qui les
entourent, plus ils font appel, malgré l'ordre
formel du Pape, à la sédition et à la violence,
plus ils se rendent haïssables à la masse du
pays.

Heureusement que dans son ensemble le
clergé de France n'a pas encore écouté les dangereux conseils qui lui sont donnés par ces
bruyants agités pour qui la guerre religieuse serait comme le suprême espoir de voir aboutir
leurs desseins politiques. Malgré les excitations
quotidiennes de la presse de l'opposition, malgré

les dures conditions imposées trop souvent, hélas, par ceux dont les aumônes abondantes semblent la condition même du culte et des œuvres, notre clergé a un sens chrétien suffisamment robuste, une âme sacerdotale assez vivace pour être capable des plus durs sacrifices et pour faire passer avant toute autre préoccupation le souci de l'honneur de l'Église et du salut des fidèles.

Aussi, espérons-nous fermement que les prêtres catholiques ne tarderont pas à se rendre compte du piège très délicat qui leur est tendu.

Si l'Église de France, à peine libérée du joug odieux et persécuteur, retombe aussitôt sous celui des partis les plus impopulaires, les plus hostiles à toutes les aspirations contemporaines, les plus incapables de progrès et d'action positive, elle verra encore baisser son crédit et perdra jusqu'au profit moral des injustices et des vexations dont elle aura été victime en face même du pays.

Que le bon cardinal Richard ait dû accepter l'hospitalité d'un député royaliste et que l'assemblée générale de tous les évêques de France n'ait pu trouver pour s'abriter d'autre demeure que le château de M. de Franqueville, qu'aucune maison du peuple ne lui eût ouvert ses salles, c'est déjà là sans doute un signe pénible des temps, et il est impossible que plus d'un évêque, parmi ceux-là surtout qui ont vraiment le sens des réalités démocratiques et des susceptibilités populaires, n'aient pas senti au fond de leur cœur quelque amertume et quelque regret, tandis qu'ils étaient reçus très aristocratiquement à la table du château de la Muette par une hôtesse qui n'appartenait même pas à la religion catholique, en songeant à ce qui se passait en Allemagne au moment du Kulturkampf : c'est à Wurtzbourg que les évêques de la Confédération germanique, après s'être réunis dans une vieille église désaffectée et avoir jeté entre eux les bases du grand travail de conquête apostolique, qui devait briser la force même du chancelier de fer, offrirent un banquet aux pauvres de la ville et, couvrant de tabliers blancs leurs soutanes violettes, se firent eux-mêmes les serviteurs de ces malheureux.

Loin de nous, certes, la pensée méchante et coupable de rien reprocher à nos pasteurs qui souffrent assez de l'isolement où de déplorables circonstances, — que la haine des sectaires a préparées, mais aussi, il faut bien l'avouer, les fautes de trop de catholiques — les maintiennent malgré eux et d'où les plus jeunes et les plus énergiques sont résolus à sortir ! Nous supplierons seulement le clergé de France de ne pas se méfier des classes populaires et de ne pas suspecter tout effort libre, spontané, autonome de la Démocratie qui veut naître et s'organiser pour la vie.

Sans doute, voilà bien des années que les apôtres de la Démocratie et que les tribuns du peuple semblent avoir par-dessus tout à cœur d'arracher les foules à l'influence morale et religieuse de l'Église, et comment s'étonner dès lors que celle-ci accueille la Démocratie avec quelque défiance ?

Mais ce n'est qu'une raison de plus pour que le clergé se réjouisse de découvrir enfin d'ardents républicains et de passionnés démocrates qui, rejetant du pied avec mépris les sottises anticléricales qui n'ont que trop longtemps énervé les énergies prolétariennes, rendent hommage aux forces morales et sociales du christianisme et appellent la religion au secours de leurs rêves les plus chers.

Eh quoi! ce que veulent les évêques et les curés, est-ce donc que nous les choisissions comme directeurs politiques, que suivant leurs désirs nous allions à l'*Action libérale* ou à l'*Action française*, que nous grossissions leurs œuvres diocésaines de nos comités électoraux, de nos coopératives, de nos syndicats, ou bien simplement que nous nous tournions vers eux pour leur demander les paroles de la vie éternelle?

Après tout, quand les barbares ont envahi le vieux monde romain, l'Église ne leur a pas demandé de se soumettre la puissance caduque d'une société qui tombait en ruine. Elle les a baptisés et a scellé du signe de la croix leur ardeur et leurs rêves.

Elle ne saura en faire autrement aujourd'hui, elle qui a des promesses d'éternité et qui laisse les morts enterrer leurs morts.

Quant à nous, sans trouble, sans impatience, nous travaillerons à devenir forts, nous respecterons toujours, dans notre labeur humain, les exigences de la Vérité et de la Justice dont l'Église a la garde ; les calomnies impuissantes et lassées s'abattront contre notre bonne volonté toujours droite et les prêtres de France s'apercevront que notre vigoureuse action démocratique, en faisant appel à la conscience, à la responsabilité, aux meilleures et aux plus mâles vertus, aura ouvert à leur influence religieuse des voies plus larges et plus sûres que les habiletés politiciennes et les étroitesses d'un mauvais cléricalisme.

VII

LE PAPE

Il y a quelque temps, j'ai vu, en tête du *Pèlerin*, une image qui m'a choqué et même scandalisé.

Le Pape, couronné de sa tiare, était assis, rayonnant, sur un trône élevé. A ses pieds, prosternés la face contre terre ou tendant vers lui des mains suppliantes, une foule immense de prêtres semblaient l'adorer comme une idole. Un texte explicatif nous indiquait que cette composition voulait symboliser l'union de tout le clergé de France autour du Souverain Pontife.

Je n'ai pas à critiquer les intentions du dessinateur, car il ne faut pas juger si l'on ne veut pas être jugé. Je n'ai pas non plus à apprécier son talent, n'étant pas artiste. Mais ce que je crois avoir le droit et même le devoir de dire, c'est qu'une telle image, qui s'étalait sur les kiosques et frappait ainsi les regards du public, n'a pas dû manquer de faire du mal à plusieurs en fortifiant les préjugés qu'ils nourrissent contre la religion et en leur présentant le catholicisme sous un jour faux et ridicule.

Rien de plus semblable, en effet, au dessin du *Pèlerin* que les objections que font à la religion les contradicteurs anticléricaux de nos réunions publiques : cette image n'est vraiment pas autre chose que la naïve illustration de leurs critiques, de leurs railleries, de leurs blasphèmes.

Qu'est-ce qu'on nous reproche donc à nous autres catholiques? De ne pas être des hommes libres, d'abdiquer toute initiative et d'être obligés de renoncer à notre raison, à notre conscience même, pour obéir à un homme. Et voilà justement que le *Pèlerin* confirme ces accusations, exagère presque ces outrages. Les prêtres catholiques ne sont pas unis autour du Pape comme des soldats autour d'un chef, debout, le cœur et l'énergie tendus vers l'action : ils tombent, gémissants et inactifs, et semblent oublier qu'ils ont une tâche virile à accomplir. L'artiste méconnaît leur courage, leur endurance, leur respect du caractère sacré que Dieu leur a donné pour l'éternité, et il n'en fait plus que de misérables esclaves, effondrés dans un geste de terreur et de supplication.

Rien de moins chrétien que cette étrange conception.

Nous ne sommes pas des esclaves, mais des enfants. Nous sommes les fils de la Loi nouvelle et nous avons été engendrés non dans la servitude mais dans la liberté.

Le Pape est pour nous un père, non un maître. Il est si peu notre maître que le langage touchant du catholicisme véritable se plaît à le saluer du nom sublime de « serviteur des serviteurs de Dieu ».

Nous devons donc lui parler non comme des esclaves parlent à leurs maîtres, mais comme des fils parlent à leurs pères. Or ce qu'un père est en droit d'attendre de son fils, c'est le respect sans doute, mais un respect qui se fortifie et s'approfondit de la confiance, de la franchise auxquelles il doit toujours demeurer uni.

L'esclave ne fait qu'obéir ; il ne collabore pas ; il est un instrument inconscient. Le fils au contraire sait que l'héritage lui appartient : ce n'est pas un bien étranger qu'administre son père, et il serait un mauvais fils s'il ne donnait pas son avis, s'il cachait ses sentiments intimes, s'il ne disait pas ce qui l'étonne, ce qui lui fait de la peine.

Les catholiques seraient coupables de ne pas obéir comme des hommes libres. Les siècles les plus vigoureux de l'histoire de l'Église multiplient sous leurs yeux les plus frappants exemples de cette belle et fière attitude. Les livres saints nous apprennent que saint Paul, déjà, ne craignait pas de parler franchement à saint Pierre, et, pour employer l'expression même des *Actes des Apôtres,* de lui « résister en face » dans la discussion si grave qui devait dégager tout à fait la Loi nouvelle des langes de la Loi ancienne. Saint Pierre devait finir par se ranger à l'avis de saint Paul qu'il avait d'abord combattu.

Il n'est pas jusqu'aux laïcs qui ne se soient, eux aussi, servis providentiellement dans l'Eglise de cette étonnante liberté des enfants de Dieu. Quoi de plus symbolique que l'histoire de cette petite fille, sans culture et sans lettres, qui s'en allait faire des remontrances au Pape et que l'Eglise, cependant, n'a pas craint d'élever sur ses autels et dont elle a fait sainte Catherine de Sienne ?

N'est-il pas désolant et pitoyable de voir tant de catholiques, alors que leur Eglise est si belle et si forte, si merveilleusement disciplinée de cette souple, conquérante et invincible discipline de l'Amour, rabaisser sans cesse un idéal qu'ils ne semblent plus capables de porter, et déformer, comme pour les mieux ramener à leur mesure, l'esprit et la constitution du catholicisme ?

Alors surtout que l'Église, dégagée des derniers liens officiels, va pouvoir s'élancer librement vers l'avenir et voguer hardiment sur l'océan populaire, il importe que les rameurs n'aient pas la figure de captifs ou de forçats, et qu'ils fassent éclater, au contraire, devant le siècle étonné, cette admirable vérité que la discipline la plus forte est celle qui est la plus consciente et la plus librement consentie.

L'Église est venue apporter aux hommes un enseignement de liberté et d'amour. Les hommes ont peur de la liberté et blasphèment l'Amour. Il n'est donc pas étonnant que, sans cesse, une force mauvaise alourdisse l'esprit spirituel de l'Évangile.

Nous, cependant, qui sommes catholiques, nous ne craignons rien, car nous savons que le Christ n'abandonnera pas son Eglise et qu'il lui a donné la promesse de la vie éternelle.

VIII

FAUT-IL FAIRE UN PARTI CATHOLIQUE ?

Les catholiques de France courent un terrible danger que la plupart méconnaissent encore, que certains acceptent déjà avec joie. Il est grand temps de le signaler avec franchise.

Nous ne faisons pas allusion ici aux attaques violentes ou hypocrites des sectaires : même les plus aveugles connaissent leur haine et sentent leur rage. Nous voulons parler d'un danger plus caché, plus séduisant, qui s'insinue partout sans qu'on y prenne garde, qui, tour à tour, flatte la générosité des âmes héroïques ou s'accommode à la paresse des cœurs indolents. Ce péril s'aggrave à la faveur même des persécutions : chaque tyrannie nouvelle le rend plus imminent; les clairvoyants eux-mêmes ne se sentent plus toujours le courage de parler le langage de la raison et encore une fois les catholiques français, perdant tout le prix des efforts qu'ils ont faits, des larmes qu'ils ont versées, des sacrifices qu'ils se sont courageusement imposés, risquent de courir à l'abîme.

Ce danger, le voici :

La France a la haine du cléricalisme. Pour elle, le cléricalisme, c'est la confusion des deux pouvoirs, les intérêts matériels asservis à la domination apparente ou occulte des ministres d'une religion dont le Fondateur a dit : « Mon Royaume n'est pas de ce monde », l'ingérence, cachée partout et se manifestant partout, du clergé plus soucieux de régir le temporel que le spirituel, le *gouvernement des curés* enfin. Je le sais, beaucoup de nos prétendus anticléricaux sont tout simplement des jacobins fanatiques : ils ont déjà jeté le masque et ils ne craignent plus d'affirmer qu'ils en veulent au Christ, à Dieu, à tout ce qu'il y a dans le monde d'honnête et de sacré. Mais ne l'oublions pas, de tels sectaires ne peuvent se faire écouter et suivre que parce que leurs diatribes, même les plus violentes, même les plus injurieuses, réveillent ce vieux fond d'anticléricalisme dont, hélas! l'histoire de notre pays pourrait bien fournir quelques trop naturelles excuses. Et cela est si vrai que l'opposition elle-même a cru devoir essayer de reprendre à son profit le terme même dans l'espoir de correspondre, elle aussi, au sentiment populaire. La *Patrie française* et l'*Action libérale* ne parlent-elles pas du « cléricalisme maçonnique », de la « congrégation des mouchards », des « jésuites rouges, » etc., etc.? Et d'ailleurs, tout serait-il donc mauvais dans ce sentiment des foules qui entendent maintenir distinct ce que le Christ a distingué lui-même tout le premier au grand scandale des Juifs et des Gentils? Ne sommes-nous pas en droit de découvrir là, malgré tout ce qui a faussé et vicié ce tempérament, je ne sais quel instinct profond et d'origine chrétienne? Avant le Christ, la confusion la plus absolue des pouvoirs, le cléricalisme le plus farouche tyrannisait les peuples, et les souverains entendaient imposer leur domination aux esprits comme aux corps. Et après que la

Bonne Nouvelle libératrice eut été annoncée au monde, ne voyons-nous pas toujours le cléricalisme en hausse partout où le christianisme est en baisse! L'Angleterre, la Russie viennent-elles à rejeter l'autorité de Rome, ce lien divin de la véritable unité chrétienne, aussitôt le poids lourd des deux pouvoirs confondus sous le même sceptre écrase à nouveau pesamment ces peuples qui avaient cru s'affranchir et qui retombent dans les fers du vieil esclavage.

Les anticléricaux victorieux et repus continuent bien à accuser de cléricalisme les catholiques français. De moins en moins, il sera possible de faire croire qu'un tel reproche soit mérité. De plus en plus facilement, le clergé dépouillé, persécuté, pourra gagner des adeptes dans les masses prolétariennes que finiront par dégoûter les promesses des socialistes toujours renouvelées, jamais tenues. Le peuple de France finira bien par ouvrir les yeux. De quel côté sont donc les professionnels de la délation, les *délégués officiels*, les honteuses pressions sur les consciences, tous les scandales cléricaux enfin? De quel côté les intrigues, les menaces, les odieuses violences, les basses hypocrisies? Donc un champ merveilleux s'ouvre à l'apostolat catholique. Que ces persécutés, que ces parias montrent que ce sont bien eux les citoyens vraiment libres qui préparent laborieusement l'avenir meilleur qu'attend le pays; qu'ils ne se laissent jamais réduire à l'œuvre de défense à laquelle on entendrait restreindre leur activité de vaincus; qu'ils soient, au contraire, comme le grand Apôtre des Gentils, d'autant plus conquérants qu'ils sont plus comprimés, d'autant plus riches qu'ils sont plus dépouillés, se glorifiant d'abord de leur faiblesse; qu'ils fassent éclater partout la force sociale du catholicisme : et ils soulèveront bien vite la masse ténébreuse des partis-pris et des haines et le monde sera vaincu par eux !

Si, au contraire, soucieux seulement de leurs propres intérêts confessionnels, ils en viennent à oublier que le pays a besoin d'eux, qu'ils doivent travailler pour ceux-là mêmes qui les persécutent en s'efforçant de faire régner partout plus de justice sociale; si, dans une inintelligente conception de la lutte, ils s'essayent non à convertir des adversaires mais à les détruire, aussitôt les divines chances de succès que semblait se plaire à leur fournir la Providence, cèdent la place aux plus douloureuses certitudes de défaite. Faire le *bloc catholique* contre le *bloc ministériel*, c'est d'abord évidemment une tactique déplorable, car c'est accepter le combat sur le terrain même que depuis longtemps nos pires adversaires ont préparé tout exprès pour nous y battre plus aisément, c'est surtout méconnaître la sublime grandeur de notre religion qui domine tous les partis et que l'on ne saurait jamais, sans injure, songer à limiter à aucun d'eux.

Le parti catholique! On ne prononce pas encore ce nom, mais on se charme, sans se l'avouer, de cette espérance. Comme on prépare avec amour le berceau d'un enfant qui va naître, on se console des angoisses présentes en travaillant à le rendre inévitable et en ramassant partout ce dont il aura besoin un jour pour protéger sa vie.

On parle sans cesse de l'indispensable union. On vante le désintéressement de ces hommes si dévoués qui veulent être *catholiques tout court*. On célèbre l'indifférentisme politique comme une héroïque vertu chrétienne. On accuse d'orgueil et d'indiscipline tous ceux qui proposent et développent des méthodes qui leur sont propres. On multiplie les appels au renoncement, aux concessions mutuelles, au respect de l'autorité. On affirme qu'il faut marcher tous ensemble. On célèbre le Centre allemand, sans le connaître d'ailleurs, le plus souvent. On refuse à quiconque le droit de se faire du travail social une conception personnelle, d'ajouter un mot aux encycliques des Papes, fût-ce pour indiquer les applications pratiques qu'il convient de donner à l'enseignement éternel de l'Église. On ne se soucie pas d'ailleurs d'avancer, de conquérir. On veille à l'alignement : voilà tout.

Or, nous ne voyons rien de plus dangereux, de plus funeste qu'une telle attitude.

C'est d'abord l'équivoque, une curieuse et séduisante équivoque que certains se plaisent à maintenir avec dilection, équivoque qui pourrait devenir, après la dénonciation du Concordat, cruellement funeste. Qu'est-ce que le catholicisme ? une religion. L'unité catholique, c'est donc l'unité religieuse. Ceux qui la maintiennent ont été, à cet effet, institués par Jésus-Christ lui-même : ce sont le Pape et les évêques. Ce n'est pas, ce ne saurait être — Jésus-Christ le défend — une unité politique. Il n'y a pas de parti catholique ; il y a une religion catholique. L'Église n'a pas à décider de la forme politique des États, pas plus que de leur organisation sociale, pourvu que celles-ci ne soient pas contraires à la morale universelle dont elle a la garde. La société civile comme la société religieuse sont, au sens théologique du mot, des *sociétés parfaites*. Boniface VIII lui-même, l'un des Papes qui fut le plus accusé d'ambitions théocratiques et à une époque où une sorte d'assentiment tacite des peuples faisait du Pape comme un arbitre international, ne craignait pas de l'affirmer : *In nullo volumus usurpare jurisdictionem regis.*

L'évêque dans son diocèse, le curé dans sa paroisse, qui sont évidemment, pour tout catholique, des chefs spirituels, ne sont pas de droit chargés de diriger tous les efforts que font les catholiques sur le terrain social ou sur le terrain politique. Ils ne peuvent exiger que tous les groupements d'études, les syndicats, les coopératives — ces noyaux de la société future — soient dirigés par eux, soumis à leur magistère, car ils n'ont pas de magistère temporel.

Les anticléricaux voudraient bien nous disqualifier en nous représentant comme des « sujets d'un prince étranger » frappés d'une véritable déchéance, d'une sorte de mort civique. Ils ont tort, cent fois tort. Mais, pour l'amour de Dieu, que les catholiques ne s'ingénient donc pas, par de touchantes et inintelligentes naïvetés, à paraître leur donner raison.

Que les uns comme les autres relisent donc les quelques lignes de la vigoureuse lettre que Mgr Delamaire, alors évêque de Périgueux, adressait à ses diocésains :

« Le Pape parle quelquefois de politique, il est vrai, mais c'est toujours en se renfermant dans les limites des principes et des doctrines indiscutables. Si l'on m'objecte que, de temps à autre, il descend de ces régions élevées vers des applications pratiques, je l'avouerai sans difficulté, mais je ferai remarquer que lui-même alors, quand la logique n'impose pas des conclusions certaines, nous prévient qu'il cesse de commander pour n'être plus qu'un très paternel et très sage conseiller.

« La liberté du citoyen catholique, en matière politique, n'est-elle pas d'ailleurs de notoriété publique pour tous les esprits impartiaux et un peu documentés en histoire, soit ancienne, soit récente ? Qui ne se souvient, à ce sujet, de la réponse topique qu'adressait récemment à M. Clemenceau le distingué sénateur du Morbihan, M. de Lamarzelle ? Ne faisait-il pas remarquer à son interlocuteur que, sans être du tout traité d'hérétique, il avait pu refuser de se rallier à la République, malgré les avis réitérés de Léon XIII ? Qui donc, encore, a oublié la lutte tragique du Centre allemand contre le chancelier de fer et son refus persistant, encouragé par les évêques, de lui aplanir le chemin de Canossa par les concessions que réclamait le même Léon XIII ? Ils résistèrent au Pape sur ce terrain de politique pratique, très respectueusement, il est vrai, mais très fermement et sans sortir de l'orthodoxie. Même attitude ne fut-elle pas gardée par les catholiques belges, il y a quelques années ? [1] »

Le parti catholique en France, ce n'est pas seulement l'équivoque, c'est aussi l'impuissance.

---

1. Mgr Delamaire, *Les catholiques et les élections de 1906*, pp. 16 et 17.

Comment faire croire, en vérité, à notre peuple, que le parti catholique ne sera pas le parti clérical ? Et même, en fait, qui oserait affirmer que le bon sens populaire aurait tout à fait tort de le prétendre ? On sait les difficiles efforts de Léon XIII pour affranchir l'Église de France de la tutelle des réactionnaires et que son admirable génie politique sembla se briser à cette tâche presque impossible. Pourtant le *Ralliement* a fait son œuvre : non certes, qu'il attacha l'Église à la République, mais seulement parce qu'il la détacha du vieux parti monarchique. Veut-on donc détruire l'œuvre de Léon XIII que Pie X entend continuer tout en la dégageant des interprétations exagérées qu'en avaient données certains admirateurs inconsidérés ? Ou bien reviendra-t-on aux vieilles formations que la défaite a cent fois brisées ? Essaiera-t-on d'y abriter encore des espoirs toujours déçus ?

Dans leur liberté civique, les jeunes catholiques de France peuvent sauver le pays. Sans doute, profondément unis pour la défense religieuse, absolument respectueux de la hiérarchie catholique, ils sont divisés dans leurs espérances sociales et politiques, dans leurs méthodes d'action, dans leurs tempéraments mêmes : c'est une preuve de la richesse et de la fécondité de la sève catholique. L'avenir dira quel mouvement était capable, en absorbant tous les autres, de conquérir et de faire l'unité, si celle-ci doit se réaliser un jour.

Ayons donc le courage d'être libres et ne réclamons pas de l'Église une servitude qu'il est du devoir et de l'honneur de celle-ci de nous refuser toujours. Ne nous laissons pas tellement amollir par les luttes présentes que nous n'ayons plus la force ni de concevoir un dessein, ni de tendre toutes nos énergies vers un but entrevu. N'usons pas nos meilleures forces à critiquer et à combattre ceux qui travaillent à côté de nous avec d'autres méthodes que nous.

N'essayons pas d'imposer méchamment l'unité du dehors et par voie de contrainte ; faisons-la d'abord dans les cœurs par la charité du Christ qui est douce, bienfaisante, ne s'aigrit pas, ne suppose point le mal.

Ce n'est pas, répétons-le sans jamais nous lasser, par une concentration à l'arrière-garde et par une impuissante équivoque que l'on arrivera jamais à rechristianiser la France ; ce n'est que par un vigoureux effort de conquête passionnément orienté vers l'avenir. Telle est d'ailleurs la séculaire tradition de l'Église. Quitter ce courant traditionnel que l'Esprit guide à travers les siècles, ce serait nous excommunier nous-mêmes et nous condamner à la mort.

Donc, comme une jeune sentinelle qui, devinant l'approche de l'ennemi, fait retentir la nuit de son appel, en face du danger que nous sentons chaque jour grandir, nous crierons, sans nous soucier des contradictions que nous vaudra l'accomplissement de cet impérieux devoir :

— Au nom des intérêts sacrés de la religion catholique en France, pas de parti catholique !

*
* *

Le catholicisme n'est pas une religion individualiste, se proposant seulement d'assurer le salut personnel de ses fidèles. C'est essentiellement une religion sociale, capable d'unir les hommes entre eux, source d'énergie féconde pour les peuples comme pour les individus.

Ceux donc qui s'imaginent que le catholicisme ne réclame de nous rien autre chose que l'acceptation de quelques dogmes, véritables formules tombées du ciel et qu'il faut admettre parce qu'elles sont de foi, ne nous semblent vraiment pas avoir le sens catholique. L'Eglise, en effet, est une société parfaite. Elle a ses traditions, sa hiérarchie, sa discipline ; elle est absolument une et homogène, assez forte pour que la sainte liberté des enfants de Dieu puisse se manifester partout en entreprises généreuses et hardies, sans que risquent jamais de se détendre les liens d'une unité, d'autant plus solide qu'elle est acceptée volontairement et par amour.

« Ce n'est pas, écrivait le cardinal Merry del Val au cardinal Richard à l'occasion du IVe Congrès national des Cercles d'études, la différence des méthodes suivies par les diverses associations qui peut être un sérieux obstacle, car on le sait, il y a dans l'Eglise multiplicité et variété de grâces et, d'accord avec la doctrine apostolique, l'histoire nous offre l'exemple de divers types de sainteté, très différents les uns des autres ; ce qui importe, c'est l'unité de l'esprit, rendue manifeste grâce au lien de la paix. »

Et comment, lorsque l'Eglise est menacée, lorsque sa liberté est violée, tous les catholiques ne se sentiraient-ils pas nécessairement unis sous la direction de l'autorité ecclésiastique, la seule qui, légitimement, puisse s'imposer à tous? Comment auraient-ils le triste courage de sacrifier des intérêts aussi sacrés à des souvenirs ou à des préférences personnels ?

Quant à nous, nous n'avons même jamais compris que l'on puisse refuser de marcher tous ensemble pour la défense du patrimoine commun. Et d'ailleurs, lorsque les *apaches* menaçaient nos églises, ne nous rencontrions-nous pas pour les défendre avec des royalistes, des bonapartistes ou même de simples libéraux, et lorsqu'on chassait indignement nos religieux coupables de s'être dévoués sans l'autorisation du gouvernement, avons-nous craint de parler en Vendée sous la présidence de M. de Baudry d'Asson, trop heureux de faire éclater ainsi les saintes et douces exigences de l'unité catholique?

Pourquoi faut-il que trop de nos contemporains se fassent de l'unité catholique une idée étroite, malfaisante et hargneuse ? Ils se figurent qu'elle doit ressembler à l'artificielle et arbitraire unité des partis humains qui, bien souvent, ne peut s'établir qu'à coup d'éliminations brutales et de violences autoritaires.

L'unité catholique réside, au contraire, tout d'abord dans l'unité des cœurs, sanctuaires d'un même Dieu, qu'un même Esprit sollicite, qu'un même Amour embrase. Dès lors, il n'est plus besoin de tant de précautions ; c'est peine inutile d'essayer de briser méchamment les initiatives qui s'affirment et de tout ramener à une impossible et médiocre uniformité. Il ne s'agit pas de contraindre son voisin à faire l'union autour de soi et non ailleurs ; il s'agit simplement d'aimer son frère, de n'être ni envieux, ni jaloux, de se réjouir du bien accompli même par d'autres que par soi, de ne pas supposer le mal. « Aimez et faites tout ce que vous voudrez. » Sublime parole que, seul, un chrétien pouvait avoir l'audace de prononcer ?

Pénétrons-nous de la grandeur divine de cette

Unité que le Christ est venu apporter au monde :
« Je veux, a dit le Maître, que vous soyez un,
comme je suis un avec mon Père. » Entrons en
nous-mêmes et demandons-nous si les catholiques de France n'ont pas bien souvent péché
contre ce grand devoir d'Unité. Sachons ouvrir
nos âmes à l'amour du Christ, à l'amour de nos
frères dans le Christ : là, là seulement est le
secret de la véritable union.

Tolstoï disait, lors d'une famine en Russie,
à ceux qui ne songeaient qu'à donner du pain :
« Donnez l'amour, d'abord :... car on peut
donner le pain sans l'amour, mais non l'amour
sans le pain. »

De même nous répéterons à ceux qui organisent des associations ou des ligues : « Donnez
l'amour d'abord. »

Et il est souvent plus difficile d'aimer — tant
l'humaine nature est personnelle et jalouse —
ceux qui nous touchent de très près, que les
inconnus, les adversaires mêmes.

Oh! hommes de peu de foi que nous sommes,
nous avons une Eglise divine, une Union dont
Dieu même serre les liens bienfaisants autour
de nous et nous rêvons de l'étroite et mesquine

unité d'un parti. Craignons de ressembler à ces Juifs qui, en face du Messie venu pour sauver le monde par son Amour, regrettaient un Sauveur guerrier triomphant pour leur seule nation. Effrayés de la sublimité inattendue de l'œuvre divine, ils accusaient celle-ci de ne pas se limiter à l'étroitesse égoïste de leur propre attente.

Au nom même de l'*Unité* catholique, pas de parti catholique en France !

***

Que penserait-on de quelqu'un qui, à la question : « Etes-vous pour le *libre-échange* ou pour la *protection?* » répondrait : « Moi, je suis catholique ! »

Et pourtant ne voyons-nous pas des hommes qui se font un titre de gloire de ne prendre parti sur rien, qui érigent même en principe cet indifférentisme qu'ils qualifient de renoncement intellectuel? Ils affirment que « le *Credo* catholique est une matière suffisante à convictions profondes » et nous supplient de ne pas défendre d'autres dogmes que les dogmes religieux.

J'avoue ne bien comprendre ni ces craintes, ni ces conseils. Assurément, la religion divine domine de toute sa hauteur les contingences humaines et les efforts de tous les partis politiques, sociaux ou même philosophiques. Sans aucun doute le catholicisme, qui n'est pas une *opinion*, exige de nous autre chose qu'une simple adhésion intellectuelle que nous pourrions à chaque instant lui retirer à notre gré. *Et in captivitatem redigentes omnem intellectum in obsequium Christi.* (II Cor., x, 5.)

Mais c'est justement à cause de ce caractère même de transcendance du catholicisme que nous ne pouvons songer à faire de celui-ci un parti humain et à imposer en son nom des solutions obligatoires aux problèmes qui sont débattus sur le terrain que Dieu a entendu réserver à la libre initiative humaine.

Il importe enfin que l'on parle clairement; et ce serait, nous semble-t-il, nous condamner à l'impuissance que de vouloir restreindre les catholiques à répéter les dogmes que tous admettent, sans oser jamais, de peur de se diviser, affirmer leurs convictions et s'efforcer de les propager autour d'eux, lorsqu'il s'agit de

matières sur lesquelles peut librement s'exercer
« la sainte liberté des enfants de Dieu. »

— Mais, gémira-t-on, vous allez diviser les
forces catholiques, et c'en sera fait de l'unité,
plus nécessaire que tout le reste!

— Encore une fois, de quelle unité est-il
question?

De l'unité de la religion catholique? Evidemment non, puisqu'il ne s'agit là ni des dogmes,
acceptés par tous, ni de la hiérarchie, reconnue
par tous, ni de la discipline à laquelle tous entendent se soumettre.

De l'unité du parti catholique?... alors, je
comprends, mais du même coup je me récuse,
car je ne veux pas du parti catholique.

Insistera-t-on en disant que les tristes nécessités de l'heure présente exigent une concentration de toutes les forces pour défendre, lambeau par lambeau, la liberté que l'on veut vous
arracher et pour opposer au Bloc des sectaires
le Bloc des catholiques et des libéraux?

J'y consens. On s'unira donc pour l'œuvre de
défense, et telle est, sans doute, la raison d'être
d'une ligue comme l'*Action libérale populaire*
qui manquerait son but si elle devenait étroite

et exclusive, ne s'ouvrant plus qu'à certaines bonnes volontés et affichant quelque intransigeance politique ou sociale.

Donc on saura en France que des hommes très divers quant à leurs opinions, leurs espérances, leurs tempéraments, se rencontrent dans un sentiment de commune révolte contre les jacobins au pouvoir, qui méconnaissent le sens des traditions nationales et risquent d'étouffer la Démocratie dans son berceau. On ajoutera même que si les catholiques s'unissent tous pour la défense des églises, et, sous la direction du Pape et des évêques, travaillent en fils respectueux et dociles à développer les œuvres religieuses et à répandre partout l'indispensable doctrine chrétienne, ils sont profondément divisés au point de vue politique et social, et proposent des moyens différents, des méthodes inverses lorsqu'il s'agit d'organiser la société française.

— Mais vous voyez bien que c'est alors la désunion la plus funeste, et, qui plus est, un véritable scandale : nos adversaires se feront un malin plaisir de constater que nous n'avons pas assez d'abnégation pour marcher tous ensemble.

— Tout au contraire, ils seront bien forcés de reconnaître que le catholicisme, contrairement aux affirmations de leurs rhéteurs, n'est pas un parti politique, qu'il n'apporte pas une solution imposée d'en haut aux problèmes économiques, qu'il ne détruit pas la liberté de penser et d'agir, puisqu'ils constateront si apparemment de profondes divergences parmi les catholiques. La religion, ainsi nettement dégagée de ce qui n'est pas elle, ne pourra que plus difficilement être désignée comme le nécessaire point de mire des attaques d'une foule qui au fond n'est pas irréligieuse et que les mots de République et de Démocratie ont surtout séduite. Bien plus, on accusera moins aisément d'hypocrisie des hommes que l'on verra accoutumés à proclamer toujours et très haut leurs intimes convictions et leurs plus lointaines espérances.

Ce sera enfin un spectacle très édifiant que celui de cette indissoluble union sur le terrain religieux, d'autant plus remarquable qu'elle rapprochera pour des batailles communes des hommes si divisés par ailleurs et qui ne laisseront pas sans doute que d'entraîner avec eux, pour la défense de leurs libertés religieuses, certains de ceux qui, ne professant pas la même foi, se seront pourtant rencontrés avec eux dans les divers partis politiques ou sociaux où les catholiques auront pénétré.

Qu'y a-t-il de plus logique et de plus simple que ces quelques réflexions ?

Elles risquent cependant de déplaire à plusieurs.

C'est qu'en effet il y a là autre chose qu'une simple question de logique. L'histoire ne pose jamais les problèmes sur le terrain de la pure logique et de regrettables conditions historiques ont rendu le catholicisme impopulaire et impuissant en France.

Quant à nous, nous nous refusons à voir dans le catholicisme, avec les anticléricaux, contempteurs injustes de notre foi, et avec le trop grand nombre de catholiques qui leur font écho, une force tyrannique de domination intellectuelle, qui nous dispenserait de penser et d'agir par nous-mêmes et qui remplacerait le libre et indispensable effort humain par une féconde passivité intellectuelle et morale. Pour nous au contraire, la foi enrichit et stimule la raison, lui ouvrant un champ de conquête plus vaste et mieux assuré ; la charité du Christ élargit et affranchit les âmes, brisant les durs liens du méchant égoïsme et ouvrant à l'activité humaine des routes infinies vers la justice et vers l'amour.

TROISIÈME PARTIE

DANS LA BATAILLE DES IDÉES

I

LA LEÇON D'UNE DÉFAITE.

Le résultat des élections a donné raison à nos appréhensions. La formidable coalition qui devait briser le Bloc et délivrer la France a piteusement échoué et le ministère sort triomphant de la lutte. Le « réveil catholique » célébré par *La Croix*, la défense héroïque des églises n'ont fait qu'accroître la fièvre anticléricale dont souffre notre pays.

Sans doute, c'est tous les quatre ans la même chose. On annonce que c'est la suprême partie qui va se jouer, que la victoire est certaine, puis on est battu, et les quatre années qui suivent sont partagées entre les récriminations pour le passé, les illusions pour l'avenir, à moins que l'engourdissement et le dégoût ne mettent hors de combat plusieurs des vaincus.

Certes, nous souffrons cruellement d'assister aux progrès incessants de l'anticatholicisme et nous sommes humiliés de voir la France se déchirant de ses propres mains, chaque jour plus inapte à remplir dans le monde le rôle généreux que nous voudrions lui voir jouer. Mais ce qui nous attriste peut-être davantage encore, c'est de sentir avec tant de netteté que les erreurs et les fautes de trop de catholiques sont la condition même du succès de nos adversaires religieux, et de constater que nulle leçon de l'expérience n'est comprise, nul enseignement des faits pénétré, et que l'on semble s'attacher chaque jour davantage aux vieux errements inféconds, avec un entêtement que l'on décore en vain des beaux noms de constance et de fidélité.

Si nous n'osons espérer qu'à la lueur décevante du dernier scrutin tous les yeux s'ouvriront, nous pouvons bien croire tout au moins que l'on mettra un peu moins d'intolérance et de brutalité pour imposer silence à ceux qui auront l'audace de briser l'inféconde uniformité, d'examiner sans parti pris la situation, d'avoir une idée, de former un dessein.

Quant à nous, nous sommes convaincus que nous manquerions à un véritable devoir — devoir, hélas ! que les effrayants succès des sectaires viennent de rendre plus aisé — si nous acceptions cette lâche consigne du silence que l'on a si souvent essayé, par des prières ou par des menaces, de nous faire garder.

Sans doute, tout le monde est bien d'avis maintenant qu'il faut changer quelque chose. Nous sommes même certains que plusieurs de ceux qui ont le plus adulé l'*Action libérale populaire*, alors que sa victoire semblait encore possible, seront les premiers à ne pas lui ménager reproches et récriminations aujourd'hui qu'il est évident à tous que la bataille qu'elle a conduite s'est transformée en la défaite la plus complète qu'ait encore connue l'opposition. Nous nous doutons bien que certains pousseront l'ingratitude jusqu'à être très injustes envers elle et il ne nous étonnerait pas d'avoir quelque jour à la défendre contre ses anciens amis désabusés.

Ce n'est pas là qu'est le danger. Seulement, si l'on va probablement se hâter de changer les noms, de rajeunir les drapeaux, nous craignons que l'on ne soit capable de changer ni les formations, ni les cadres. Or, cela seul importerait.

Tout de même, il serait temps de s'apercevoir qu'un bloc d'opposition ne sert à rien qu'à renforcer la puissance du gouvernement, à moins qu'il ne soit assez fort pour écraser celui-ci. Or, une expérience bien des fois répétée, et par l'Union conservatrice, et par le boulangisme, et par le nationalisme, et par l'*Action libérale populaire* prouve qu'il n'en est rien. Les chances mêmes de succès diminuent à chaque nouvelle tentative.

Que l'on essaie donc d'autre chose. A vouloir faire à tout prix l'union, on prépare une masse inconsistante, très apparente, et toute prête à être taillée en pièces par l'adversaire. Ce n'est pas ainsi que l'on conquerra. Or, c'est bien d'une action de conquête qu'il s'agit, puisque les catholiques sont de beaucoup les moins nombreux, les moins forts, puisque malgré les éloquentes déclarations du P. Coubé, notre pays n'est plus demeuré la France de Clovis et de Jeanne d'Arc, puisqu'il est chaque jour plus profondément hostile à l'Église.

Il faut avoir le courage de voir clair. Si parfaitement unis au point de vue religieux sous l'autorité des pasteurs légitimes, si absolument soumis à Rome que l'hypothèse d'un schisme est une mauvaise plaisanterie que les lecteurs même de l'*Action* et de la *Lanterne* ne prennent pas au sérieux, les catholiques de France sont profondément divisés, non seulement au point de vue politique, mais au point de vue social. On essaie de jeter un voile sur ces divisions. La *Croix*, l'*Univers*, l'*Action libérale populaire*, la *Jeunesse catholique* s'y emploient à merveille, et croient ainsi faire œuvre d'apaisement. On a même essayé de persuader au Vatican qu'il était assez facile de constituer en France une sorte de *Centre allemand*, sous la direction des évêques, qui, pour ne pas trop froisser l'opinion publique, resteraient dans les coulisses, et seraient représentés par des hommes éminents, excellents catholiques, mais ayant renoncé à toute préférence politique et sociale particulière, dans leur pieux désir d'être de simples instruments de la politique pontificale.

Ce serait là la faute suprême.

La France est républicaine. Nous la jugeons même capable de comprendre un jour et d'aimer sérieusement la Démocratie. Il est faux que dans son ensemble elle soit antichrétienne. Le positivisme et le matérialisme, qui sont à la base du socialisme doctrinaire, et qui ont, hélas! par ailleurs trouvé de si pratiques auxiliaires dans la dépravation des mœurs publiques, ne sont certes pas encore parvenus à étouffer la générosité native du tempérament français, son instinct idéaliste. Il y a du christianisme latent dans les rêves humanitaires, dans les visions utopiques, et jusque dans les enthousiasmes communistes de nos contemporains.

Mais si la France n'est pas antichrétienne, elle est anticléricale.

Il y aurait d'admirables pages à écrire sur les excuses de l'anticléricalisme. C'est qu'en effet beaucoup de Français, qui ne sont pas vraiment catholiques de convictions et de conduite, sont affreusement cléricaux. Dans beaucoup de nos provinces, le bourgeois bien pensant, le gros propriétaire, qui protestent contre les inventaires, maudissent le gouvernement et se font les champions de l'Eglise outragée, ne font même pas leurs Pâques, tandis que le paysan ignorant et trompé qui vote pour un ministériel va pieusement communier, aux grandes fêtes, dans l'église du village... Et que dire de la foule de ces catholiques, pratiquants ceux-là, mais toujours et systématiquement opposés à toute idée de fraternité sociale, occupés seulement à se défendre contre les sectaires, repliés sur eux-mêmes dans une attitude de bouderie hargneuse, et accusant comme des traîtres tous ceux qui ne veulent pas partager leur mauvaise humeur, entendent ne pas garder le Christ pour eux tout seuls, et se souviennent que l'Église est faite pour tous les temps, pour tous les lieux, pour tous les hommes?

On conçoit dès lors qu'il faut avant tout éviter de laisser s'accréditer plus longtemps cette équivoque que les jacobins ont tant d'intérêt à maintenir, puisque c'est la raison la meilleure de leur force, et qui laisse croire à la foule de nos concitoyens qu'être catholique, ce n'est pas avoir au cœur l'amour du Christ et de sa divine doctrine, croire à l'universelle fraternité de tous les hommes, accepter même le lien religieux d'une discipline s'étendant à l'ordre des choses spirituelles, mais bien plutôt voter pour le candidat de l'opposition, fût-ce Charles Bos ou Millerand.

Or, nous ne voyons guère d'autre moyen de briser cette odieuse équivoque, si injurieuse pour le Christ et son Église, si nuisible même au salut des âmes, que de bien faire éclater les divergences qui séparent, sur le terrain politique et social, ces vrais catholiques si unis, sur le terrain religieux, sous la discipline de leurs pasteurs légitimes, et que d'écarter avec vigueur et de chasser du sanctuaire les hommes qui ne voient dans l'Église qu'une force qu'ils entendent utiliser, et nullement servir.

Voilà la raison même de notre attitude, et vraiment l'expérience nous montre chaque jour davantage combien elle est opportune et sage.

Nous ne sommes pas républicains et démocrates pour obéir à un mot d'ordre de Rome, mais parce que, usant de notre liberté de citoyens, nous aimons la Démocratie et croyons la République plus capable qu'aucune autre forme de gouvernement de satisfaire nos aspirations. Nous avons montré, avec quelque héroïsme même, que nous savions faire passer les exigences de la défense religieuse avant toute autre préoccupation, et que nos prêtres et nos évêques, fussent-ils royalistes et antidémocrates, n'auraient pas de fidèles plus soumis que nous. Mais jamais nous ne nous croirons contraints d'avoir les mêmes idées politiques que notre curé ou que notre évêque, jamais nous n'admettrons que l'Église soit un parti politique, jamais nous ne tomberons ainsi pitoyablement dans les pièges de nos adversaires anticléricaux, qui, en brandissant l'arme de telles et aussi fausses affirmations, commencent à décatholiciser la France tout entière.

Les journaux bien pensants, ceux qui ont si violemment prôné le ralliement, aussi bien que les autres, ne sont pas tout à fait innocents des lamentables défaites de l'Église en France. On n'a pas eu le courage de penser et de parler, on n'a pas eu le courage de vivre en citoyen, on a sans cesse été chercher des mots d'ordre à Rome, on a voulu arracher au Pape des sentences qu'il se refusait à donner. Alors on a insolemment interprété son silence. On a dit et répété partout que c'était pour un catholique orgueil et insubordination que d'avoir des idées politiques personnelles... Et puis, l'on s'est stupidement indigné lorsque les adversaires, se contentant de répéter ce qu'ils avaient entendu, nous ont accusés d'être des citoyens incomplets, diminués, esclaves d'une puissance religieuse qui, sortant de son domaine, avait la prétention de diriger à sa guise, au profit de ses favoris, la politique intérieure du pays.

Il est temps que cela cesse... Hélas ! nous ne sommes plus maintenant des prophètes, mais des spectateurs attristés, qui croient de leur devoir de ne pas se résigner à une ruine qu'ils savent que l'on peut encore éviter. Seulement, de grâce, que personne ne nous fasse un crime de parler franchement, et que l'on sente bien que nous nous jugerions coupables si nous nous taisions.

Il y a, Dieu merci, en France, des catholiques qui sont de sincères républicains et d'ardents démocrates. Qu'ils se mêlent à la vie sociale et civique de leur pays. Qu'ils soient meilleurs et plus vrais républicains, meilleurs et plus vrais démocrates que les anticléricaux, et, certes, ce n'est pas là besogne difficile... Que ceux-là mêmes qui ne sont pas catholiques voient en eux des pionniers de la Démocratie, et, sans partager leurs convictions religieuses, admirent et respectent les utiles effets de leur dévoûment. Et il ne s'agit pas de se dire républicain ou de paraître démocrate par tactique ou pour conquérir des suffrages : ce serait la plus pitoyable des politiques, et qui, semant partout la défiance, accroîtrait la nocuité des calomnies mêmes des adversaires. Il faut l'être. Or, nulle bonne volonté, nul désir de réussir ne peut remplacer l'affection sincère, l'instinct profond et spontané.

Il n'y aurait donc rien à faire, si justement les soldats de ce prochain combat qui va se livrer sur notre terre de France, pour la Démocratie, entre les chrétiens et les nouveaux païens du positivisme monarchiste ou révolutionnaire, n'étaient déjà nés. Or, nous savons bien qu'ils vivent, qu'ils sont nombreux, ardents, disciplinés, que nulle fatigue ne les rebute, que nulle attaque ne les décourage : sans cela, le *Sillon* n'eût jamais été qu'un rêve, il n'eût pas pris corps dans la réalité.

Au lendemain de la consultation populaire, tous nos amis comprendront donc que notre intransigeance n'est que charité pour la France, qui étouffe depuis trop longtemps sous le poids méchant des équivoques et des haines. Certes, nous respectons ceux-là mêmes qui, ne pensant pas comme nous, essaient, par une autre tactique, de ramener la France à l'Évangile du Christ. Mais devons-nous, de crainte de froisser quelques-unes de leurs habitudes d'esprit ou d'action, renoncer à conquérir la foule de ces petits et de ces humbles qu'égarent les mauvais bergers du socialisme révolutionnaire, et que le Christ attend cependant, les bras grands ouverts et le cœur transpercé d'amour?

Nos amis ont fait leur devoir en votant même parfois contre leurs préférences politiques et sociales pour des hommes que le respect seul que ceux-ci professaient pour la religion leur rendait sympathiques. Nous avons fait de bien durs sacrifices aux exigences de notre foi religieuse : nous ne les regrettons pas. Nous savions, d'ailleurs, que lutter pour la défense de l'idéal religieux, c'était encore lutter pour la Démocratie. Mais c'est maintenant pour nous un droit et un devoir sacrés de sortir de ce recueillement et de cet effacement volontaires, et de préparer les lendemains réparateurs en lesquels nous avons foi.

Nous sommes déjà une force. Notre parfaite homogénéité, l'identité de notre tempérament et de nos aspirations, la précision chaque jour grandissante de nos méthodes et de nos doctrines, tout nous pousse vers l'espérance.

Sans doute, le bienveillant accueil des foules, et en particulier des milieux les plus jeunes et les plus énergiques, n'a d'égale que la malveillance des groupes déjà constitués et de ceux qui se croient les maîtres de l'opinion publique. Nous serions fous de nous en étonner. C'est l'éternelle histoire de toutes les croissances vigoureuses, que les contradictions aguerrissent et stimulent.

Sans amertume, nous continuerons donc notre tâche avec un courage raffermi. Chaque jour, nous voyons plus nettement le but. Il n'est pas jusqu'aux fautes commises à côté de nous qui n'éclairent notre marche en avant.

Sans donc nous soucier de prévoir quel sera pour chacun de nous l'immédiat résultat de ses efforts, allons toujours plus fermement vers le but entrevu, aussi loin que Dieu voudra.

* * *

Il est parfois douloureux d'avoir trop raison.

Nous aimons assez l'Église, nous aimons assez notre pays pour qu'une simple satisfaction de logique, si forte soit-elle, ne puisse suffire à nous consoler des tristes résultats des dernières élections.

Depuis longtemps déjà, nous nous étions inquiétés du terrain choisi pour qu'y fût livré un engagement que l'on se plaisait à proclamer décisif. On avait ri de nos alarmes, quand on ne nous avait pas fait un crime de nos réserves. Connaissant les limites actuelles de nos forces et que nous ne pouvions organiser à nous seuls la victoire, nous nous étions fait un devoir de ne pas décourager les combattants et nous n'avons rien tenté pour briser, à quelques jours de la bataille, des formations que nous jugions vieillies et impuissantes. Nous avions même fait quelque héroïque effort pour essayer de nous persuader que les fautes des jacobins serviraient utilement les braves gens résolus à les combattre, et que ceux-ci, groupés dans la seule organisation un peu sérieuse qui s'offrit à eux, verraient au moins leur bonne volonté récompensée par la joie de timides succès.

Il apparaît bien aujourd'hui que ni la bruyante agitation des inventaires, ni la terreur répandue dans la partie sage et raisonnable de la population par les grévistes incendiaires et assassins, ni les difficultés créées au gouvernement par les exigences des *unifiés*, ni les déclarations intempestives des disciples d'Hervé, ni les invectives de la *Confédération générale du travail* n'avaient assez de prise sur le pays pour qu'il renonçât à combattre encore et toujours non seulement les ennemis affichés du régime, mais ceux-là mêmes en qui il pouvait suspecter des réactionnaires cachés, des adversaires déguisés de la République.

Sans doute, nous sommes quelques-uns, républicains sincères et ardents démocrates, qui avons assez de foi religieuse, assez de fidélité à l'Église catholique, pour faire passer la défense de la religion menacée avant toute autre préoccupation. Mais faut-il s'étonner que nous soyons peu nombreux à accepter une aussi méritoire et difficile situation, et comment ne pas garder quelque indulgence pour ces foules ignorantes et trompées, inaptes aux subtiles distinctions, qui voient, malgré tout ce qu'on pourra dire, dans la République démocratique un idéal moral et social, et sont toujours prêtes à faire bloc pour elle contre toutes les coalitions, conservatrice, boulangiste, nationaliste ou libérale ?

Déjà, sans doute, plusieurs de ceux qui avaient allègrement sonné le rassemblement de toutes les bonnes volontés et allumé inconsidérément les plus brillantes espérances, ne craignant pas d'affirmer que c'était bien la suprême partie qui se jouait, changent soudain de ton, et, tandis que résonnent encore les derniers échos enflammés de leurs promesses de victoire, ils avouent ingénument que tout est à recommencer, qu'il faut ne pas uniquement compter sur l'action électorale et travailler activement à l'œuvre indispensable de l'éducation populaire.

Certes, ils ont raison, et il ne saurait nous

déplaire de constater qu'ils se rangent enfin à notre avis. Mais ce qui importe, ce ne sont pas tant encore les œuvres, simples instruments, que l'esprit qui les anime. Ce n'est pas en imitant les œuvres de nos adversaires que nous pourrons du même coup imiter leurs succès. Nous n'aurons rien fait tant que nous nous en tiendrons aux expédients sociaux ou aux coalitions politiques ; ceux-là seuls pourront être compris et suivis qui apparaîtront au peuple non comme des conservateurs ou des rétrogrades, non pas même comme des progressistes hésitants et toujours d'une étape en retard, mais bien comme les plus hardis pionniers de l'idée démocratique et républicaine.

On nous rendra au moins cette justice que ce n'est pas seulement à la lueur triste de l'expérience et des déceptions que nous tenons ce langage de franchise et de courage. Nous n'en avons jamais eu d'autre.

Nous comprenons tout ce que notre méthode peut avoir d'effarouchant pour les timides qui rêvent toujours d'une impossible unité politique sur le terrain religieux, et qui, comme si un mauvais génie les poussait à vouloir préparer de plus irrémédiables défaites, vont sans doute songer maintenant à la constitution de quelque malencontreux parti catholique. Nous savons bien que l'on va encore essayer avec bonne foi ou non, peu importe, de circonvenir le Vatican ou de tromper le Pape sur l'état d'esprit véritable de la France, et que nul enseignement de l'histoire, nulle leçon du présent ne pourra briser les illusions tenaces de ceux qui ont des yeux pour ne point voir et des oreilles pour ne point entendre.

Drumont, lui, du moins, a la franchise de son découragement et le courage de sa pensée, même désabusée et amère :

« Encore une fois, écrit-il en appréciant la défaite imprévue des libéraux, il y a dans tout ce qui se passe des choses qui nous échappent. C'est là le secret des mentalités nouvelles, l'énigme d'âmes transformées et modifiées, que ne comprennent pas les hommes de la génération précédente. »

Ceux de notre génération comprennent, mais s'ils comprenaient sans agir, ils seraient des lâches. Ils entendent ne pas l'être. Donc ils agiront.

Et voilà pourquoi toutes les avenues ne sont

pas bouchées vers l'espérance par la cruelle défaite des catholiques de France.

⁂

Il semble bien que l'*Action libérale populaire* n'a pas légitimé les espérances qu'elle avait inspirées au Vatican. Celui-ci, du reste, doit bien se rendre compte qu'il n'a plus beaucoup à attendre de cette Association qui s'est montrée si parfaitement inhabile à conduire à la victoire l'opposition, lors des dernières élections. Il lui retire, peu à peu, cette sorte de monopole qu'il lui avait conféré, laisse les royalistes recommencer activement leur propagande, même dans les milieux ecclésiastiques, et paraît de plus en plus s'orienter vers une action politique exclusivement catholique et que directement dirigeraient les évêques.

Il ne faut tout de même pas être trop injuste pour l'*Action libérale populaire*. Quand on compare cette association aux précédents groupements des forces de l'opposition, au Boulangisme, au Nationalisme, on est bien forcé de rendre hommage à son honnêteté, à sa tenue morale. M. Jacques Piou, d'ailleurs, est vraiment un homme intègre, désintéressé, d'une haute et belle intelligence, un de ces politiques de la vieille école, trop rares, hélas ! et qui font honneur au parlementarisme français.

Le président de l'*Action libérale populaire* a accepté la tâche la plus méritoire et la plus ingrate que l'on puisse rêver. Il a entrepris une lutte impossible, avec une abnégation incomparable et un héroïque esprit de mortification.

En effet, réunir toutes les arrière-gardes débandées et toujours battues, ramasser tous les débris impopulaires des vieux partis en déroute, à force de patience et de ténacité parvenir à en faire quelque chose comme une armée et essayer d'attaquer par derrière la République anticléricale que le socialisme entraînait en avant dans une course folle, n'était-ce pas là une œuvre fatalement vouée au plus certain des échecs, une tentative nécessairement irréalisable ?

Que l'*Action libérale populaire* n'ait pas réussi, c'est un désastre dont nous sommes tout prêts à prendre sans amertume notre parti, d'autant plus que des hommes de la qualité de M. Jacques Piou ne doivent pas logiquement être récompensés en étant appelés à entrer dans quelque combinaison ministérielle, mais bien plutôt à pénétrer sous la coupole de l'Académie française.

Ce dont nous nous consolons moins aisément, c'est de l'impopularité nouvelle que, malgré les excellentes intentions de la plupart d'entre eux, les hommes de l'*Action libérale populaire* ont attirée sur l'Eglise. L'appui constant qui leur fut, pendant plusieurs années et avec tant de persistance, donné par le Vatican et par les évêques n'a fait que rendre plus grave encore cette répercussion sur le terrain religieux de l'échec politique de cette association. Et ce qui est cruel surtout, c'est que la situation des partis est telle en France que nous ne voyons pas bien comment le Vatican pouvait juger les choses autrement qu'il ne les a jugées, car il ne se trouvait, en effet, au moment des élections aucun autre groupe politique en qui il pût placer raisonnablement quelque confiance.

D'ailleurs, ce n'est pas au Vatican qu'il appartient d'ouvrir à nos compatriotes les routes d'une politique renouvelée. L'Eglise, qui a la garde des intérêts spirituels, ne saurait, sans se départir de sa nécessaire réserve, se mêler aux luttes actives de la politique; et je ne vois pas bien comment, pour lutter de façon victorieuse, on pourrait s'en tenir à ses seuls conseils, nécessairement généraux et en quelque sorte platoniques, puisqu'elle doit se contenter toujours de rappeler aux hommes les exigences de la morale chrétienne et les droits imprescriptibles de l'Eglise, sans prendre aucune part dans les débats particuliers qui mettent aux prises les citoyens des divers pays.

Ce qu'il y aurait de l'injustice et de l'impertinence à exiger que l'on vît au Vatican, c'est la poussée profonde de vie démocratique, l'impuissance des vieilles classes dirigeantes, le dégoût qu'elles inspirent à la nation et la résolution où sont les éléments les plus jeunes, les plus actifs, les plus énergiques du pays à lutter contre les réactionnaires de droite et de gauche, contre les conservateurs cléricaux et les radicaux anticléricaux pour transformer la société présente. De cela, cependant, nous avons le droit de réclamer que les jeunes Français de notre génération aient la claire vision; et nous manquerions, je ne dis pas même à notre devoir de démocrates, mais bien de catholiques en ne brisant pas tous obstacles pour courir nous porter à l'extrême pointe de l'avant-garde, là où nous avons la certitude d'être rejoints par le gros de la troupe, et pour crier de façon à être entendus de tous, que si la Démocratie a besoin pour se réaliser d'un vigoureux idéalisme et d'indispensables énergies morales, c'est dans le christianisme que nous trouvons la force de concevoir le mieux-être social et la puissance de le réaliser.

Puisque les anticléricaux, pour maintenir leur crédit sur le peuple, essayent d'unir leur irréligion à l'idée du progrès social, c'est sur ce terrain social qu'ils ont choisi bien dangereusement pour eux, c'est par devant et non par derrière qu'il faut les attaquer. Ce n'est pas au nom des intérêts conservateurs, mais bien au nom des intérêts démocratiques qu'il importe de leur livrer le seul assaut qui puisse être victorieux et dont bénéficieront à la fois l'Eglise et la Démocratie.

En somme, la société dans laquelle nous vivons ne respecte pas la Justice chrétienne. Elle est païenne. Pourquoi, dès lors, les catholiques se croiraient-ils tenus de travailler à la conserver? Leur rôle n'est-il pas plutôt de s'efforcer d'instaurer un ordre social nouveau, conforme celui-là aux exigences du christianisme? Ce serait vraiment un métier de dupe de nous établir les défenseurs, au nom même de la religion, d'abus que la religion condamne. Et combien cependant de députés de la droite se sont acharnés à donner ce scandaleux exemple, chaque fois qu'une loi sociale, fût-ce même la loi sur le repos hebdomadaire, est venue en discussion devant le Parlement!

Cela, non seulement nos camarades mais tous les Français qui réfléchissent, tous ceux mêmes qui, étant un peu informés, ont suffisamment de bon sens, commencent à le voir clairement.

Et quand les évêques et le Vatican se rendront compte que la nouvelle génération de catholiques qui monte à la vie porte en elle l'ardent désir de faire de la Démocratie un champ où pourront germer, en moissons bienfaisantes, la justice et la fraternité chrétiennes, et que « ces bons enfants pleins d'excellentes intentions »[1] connaissent leur temps et leur pays, et sont bien armés pour y faire bonne et utile besogne, alors on ne voudra plus leur imputer à crime de ne pas marcher derrière les chefs du parti conservateur, et Mgr Montagnini, lui-même, ne leur reprochera plus d'être des « révolutionnaires ».

1. Expression employée par le cardinal Richard pour désigner les sillonnistes et rapportée dans les *papiers Montagnini*.

II

L'EXEMPLE DE L'ÉTRANGER

Voici que le suffrage universel, dont, pour la première fois, l'Autriche vient de faire usage de par la volonté expresse de son vieil empereur, a procuré aux démocrates chrétiens un extraordinaire et magnifique succès.

J'ai senti la part joyeuse que l'on prenait à Rome de ce glorieux triomphe. Et cependant, il n'y a pas bien longtemps, les catholiques démocrates d'Autriche étaient attaqués, calomniés par certains de leurs coreligionnaires qui ne pouvaient se résoudre à leur pardonner ce qu'ils considéraient comme des hardiesses dangereuses. Chaque jour les dénonciations affluaient au Vatican contre Lueger et ses amis. On racontait même qu'à peu près tout l'épiscopat autrichien leur était hostile.

Il y a quelques jours également nous applaudissions au succès de la *Ligue démocratique belge* qui, après avoir fait tomber un ministère conservateur trop opposé aux réformes sociales, voyait deux de ses membres appelés à faire partie de la nouvelle combinaison ministérielle.

Eux aussi, ces démocrates chrétiens de Belgique, ils avaient été persécutés, accusés violemment de faire œuvre de division dans le parti catholique. On avait tout essayé pour les discréditer à Rome et pour empêcher la *Ligue démocratique* d'avoir une existence autonome !

Voilà, certes, de très réconfortants exemples, et que nos amis devraient avoir sous les yeux, lorsque la continuité et la méchanceté des attaques auxquelles ils sont en butte risquent parfois non pas, sans doute, de les décourager, mais de rendre plus lourde et plus triste leur marche en avant.

La grande erreur de beaucoup de nos compatriotes — car c'est là, en effet, un défaut bien français — c'est de réclamer des encouragements si précis et si caractéristiques qu'ils équivaudraient presque à des ordres. Ils voudraient se faire conseiller exactement ce qu'ils désirent et ils sont toujours prêts à se plaindre qu'on se contente de les laisser, à leurs risques et périls, faire usage de leurs libertés.

Depuis trente ans surtout, les catholiques de France vont sans cesse demander un mot d'ordre politique à Rome avec une insistance qui n'a d'égale que leur indocilité à s'y soumettre, si, par hasard, il ne leur convient pas. Ce sont des timides qui n'ont pas le courage d'avoir de l'initiative. Ils veulent se décharger sur une autorité plus haute des responsabilités qu'ils ne se sentent pas capables d'assumer eux-mêmes. Et voilà comment ils trouvent le moyen d'être tout à la fois assez lâches et assez indisciplinés.

Il est temps de nous rendre bien compte que c'est mal comprendre la réserve que tient à garder le Souverain Pontife dans les affaires politiques intérieures des diverses nations, que d'essayer toujours, ouvertement ou hypocritement, de lui faire prendre parti, ou même, tout simplement, que de profiter de ses plus insignifiantes paroles pour affirmer bien haut qu'il a déjà pris parti et pour se servir de cet argument d'autorité comme d'une massue dont on espère écraser ses adversaires.

Que les catholiques français sachent que rien ne saurait les dispenser de réfléchir, de travailler et de vouloir par eux-mêmes ! Certes, ils trouveront des conseils, des encouragements, une direction religieuse au Vatican ; mais leur attente sera toujours trompée s'ils vont y chercher le moyen de se débarrasser du noble souci d'agir en vrais citoyens.

Quand je compare l'attitude véritable du Vatican aux caricatures qu'en font les anticléricaux, je ne puis pas ne pas souffrir en constatant qu'il y a encore trop de catholiques qui font le jeu des jacobins et des sectaires, et leur fournissent des armes en essayant de compromettre l'Église dans des conflits de personnes qu'elle domine et en tentant de la rabaisser aux limites étroites de leurs conceptions et leurs combinaisons.

Je me souviens que lorsque j'étais encore un enfant, certains ralliés prétendaient qu'affirmer qu'il fallait faire revenir le roi, c'était commettre un péché mortel. Aujourd'hui l'on raconte, avec assez peu d'aménité, qu'il est bien difficile que nous soyons en état de grâce puisque nous sommes républicains.

Quand donc aura-t-on fini, pour l'amour du bon Dieu et de son Église, de s'anathématiser et de s'excommunier ainsi les uns les autres !

Comme il serait préférable d'user virilement de la liberté, partout où l'Église la reconnaît à ses enfants, et de marcher tous unis pour la défense de la religion sous l'autorité des pasteurs légitimes, partout où l'Église commande !

Ne demandons pas que l'on affirme avant la bataille l'excellence de nos plans. Combattons et rendons le gouvernement de notre pays honnête, respectueux de la Justice. Faisons mieux : que notre effort contribue à développer dans la société où nous vivons l'esprit chrétien et la fraternité évangélique. Il n'en faudra certes pas davantage pour que le Vatican nous accueille avec une joyeuse et triomphante reconnaissance, quelles que soient, par ailleurs, nos opinions politiques ou nos conceptions économiques particulières.

Mais, encore une fois, n'exigeons pas les lauriers avant la victoire.

Quand nous apporterons des résultats comme en Belgique ou en Autriche, alors soyons bien convaincus que l'on conviendra facilement que notre politique était la bonne.

En attendant, ne nous plaignons pas si nous avons à risquer quelque chose. Et, du reste, il y a une victoire qui ne nous manquera jamais, alors même que le succès extérieur pourrait tarder quelque peu à venir, c'est la victoire sur nous-mêmes, sur l'égoïsme, sur le respect humain, sur la médiocrité des désirs et des passions, victoire chaque jour renouvelée et qui seule permet au *Sillon* non pas seulement de se développer, mais même de vivre un seul instant.

III

« CEUX D'ARGELLIERS »

Argelliers est devenue la capitale du Midi.

Voici que tout cède devant l'extraordinaire autorité de quelques pauvres vignerons. Conseillers municipaux, maires et députés n'hésitent pas à leur obéir. Autour d'eux les ennemis politiques de la veille se réconcilient, on oublie les vieilles querelles et l'on ne songe plus qu'au triomphe de la Cause.

C'est une nouvelle croisade. Pour montrer l'unanimité de tout ce peuple et que « ce n'est pas du battage », voici que les villages se vident et que, au son des tambours et des clairons, portant leur misère et leur espoir naïvement inscrits sur les emblèmes qu'ils traînent avec eux, hommes, femmes et enfants, tous, désertant les campagnes trop riches de vins que la déloyale concurrence des fraudeurs empêche de vendre, trop pauvres d'argent et de pain, les « gueux » se réunissent dans les villes qu'ils remplissent de leur foule immense. C'est un flot qui submerge tout ; c'est un peuple qui veut qu'on l'écoute et qui crie sa volonté.

Comment n'aurions-nous pas de l'enthousiasme et de l'admiration en face d'un tel spectacle ?

Nous les avons vues passer, ces longues théories de villageois, graves et dignes, nullement violents et turbulents et qui paraissaient mus par une puissante résolution intérieure. Leur regard franc ne semblait pas poursuivre des desseins de haine et leur front levé ne paraissait pas prêt à se courber de si tôt sous le joug d'une mesquine et avilissante politique. Leurs rangs, suivant le conseil du comité d'Argelliers, ouverts seulement « à ceux du village, de la commune ou du groupe », pour qu'une solidarité mieux sentie assure le calme, étaient résolument fermés aux inconnus qui auraient tenté de s'introduire pour semer, tout en flattant, « l'idée du désordre et de la violence »... Oui, l'on sentait que, suivant l'expression du comité d'Argelliers, « l'amour de la paix reste au fond de tous les cœurs de paysans », et cette foule inouïe de plus de 500.000 personnes avait compris « qu'il fallait être calme, qu'il le fallait à tout prix, que la Cause l'exigeait ».

Que nous voilà donc loin de la surexcitation hargneuse des militants révolutionnaires, des désordres causés trop souvent par quelques poignées d'énergumènes hostiles à l'immense majorité d'une population, et combien la *Confédération générale du travail* paraît petite et impuissante en face de « ceux d'Argelliers » !

Mais ce qu'il y a de plus admirable encore, c'est que ce gigantesque mouvement n'est pas sorti spontanément et comme miraculeusement de la détresse des vignerons. Celui que l'on appelle aujourd'hui « le rédempteur », que les foules acclament comme un sauveur, et qui est le maître du Midi, a, pendant des années, tout conçu, tout préparé, tout voulu.

Ce Marcelin Albert est un simple vigneron

d'Argelliers, déjà vieux et fatigué, mais d'une inlassable ténacité, d'un triomphal entêtement.

Pendant bien des années on s'est moqué de lui. Il avait une idée fixe ; on le traitait de fou. Le maire de Narbonne, qui est aujourd'hui « un de ses plus fidèles lieutenants », le raillait naguère en riant, lorsqu'il le voyait grimpé sur un arbre essayant de prêcher la croisade aux vignerons, et ne recueillant que des plaisanteries ou du mépris.

Rien ne pouvait décourager Marcelin Albert. Il devait triompher. Il conquit d'abord, il y a quelques mois seulement — tant ses efforts furent longtemps infructueux — ceux d'Argelliers : ils étaient 85 au premier meeting. Aujourd'hui un mot de lui fait lever 600.000 hommes.

Nous saluons avec reconnaissance ce prodigieux mouvement.

C'est la vraie France qui brise les casiers étroits et artificiels où les intérêts et les mesquines combinaisons des coteries politiques avaient essayé de l'emprisonner. Nous nous réjouissons de ce réconfortant spectacle.

C'est la fraude que l'on dénonce, ce sont les

fraudeurs que l'on stigmatise. Toute œuvre de loyauté, quelle qu'elle soit, nous fait du bien au cœur.

C'est la persévérance, l'acharnement d'un apôtre qui, jamais rebuté, finit par entraîner les multitudes. L'exemple est bon à retenir.

... Et, tandis que nous parcourons les rues de Montpellier, que traversent les derniers groupes de paysans, chargés de provisions comme pour une campagne militaire et levant encore vers le ciel leurs drapeaux et leurs insignes, voici qu'un rêve immense emplit notre âme.

Aujourd'hui c'est du pain matériel que réclame une foule réduite à la misère, unanime dans son désir de vivre. C'est contre les fraudeurs de vin qui usent et abusent du sucrage et du mouillage que l'on proteste et que l'on s'indigne.

Quand donc la levée sublime d'un peuple affamé de Vérité, unanime à réclamer le pain de la Justice ! Quand donc la guerre vengeresse contre le mensonge et l'erreur, contre les fraudes honteuses qui dénaturent la pensée humaine, calomnient les intentions droites, trompent le peuple et lui donnent à boire un poison frelaté au lieu du vin généreux de la Vérité et de l'Amour !

Vignerons du Midi, amis simples et rudes, je vous célèbre comme un symbole magnifique, au sens prophétique duquel je m'attache avec transport.

Oui, il faut que l'unanimité morale soit reconquise au-dessus des luttes de la politique, par l'énergie d'un peuple entier qui, magnifiquement révolté contre les fraudeurs d'idéal, réclamera enfin le pain de la Vérité.

Mais, que nul ne l'oublie, Marcelin Albert fut d'abord raillé, traité de fou par ceux-là même qui aujourd'hui lui jettent des fleurs et lui tressent des couronnes.

Que ceux du *Sillon* se souviennent de « ceux d'Argelliers » !

*
* *

. . . .

Les portes de la prison de Montpellier peuvent s'ouvrir devant lui : Marcelin Albert n'est plus redoutable. La foule morne et triste l'accueille presque avec indifférence. Il n'est plus la voix qui chante la grande douleur des Gueux. Morte l'Épopée, déchu le Prophète, oublié le Rédempteur! Et tandis que Ferroul, vieux politicien égaré dans un coin de légende, cumule les mandats de conseillers généraux, Marcelin, peut-être, sera recueilli quelque part et deviendra conseiller d'arrondissement.

Clemenceau a vaincu. Le sceptique boulevardier, le spirituel homme d'État a eu raison du clair et bleu regard de l'Illuminé de Septimanie. Le pauvre gueux, pour être sublime, avait besoin d'avoir dans le dos les brûlants horizons d'Argelliers. Sa petite valise à la main, il échoua au Ministère ainsi qu'une épave, et, comme si le souffle salissant du pouvoir eût suffi pour ternir sa beauté fragile, il retourna parmi les siens, idole dédorée. On ne lui brûla plus d'encens. La prison même qui le retint captif quelques semaines lui fut amère. Ses lieutenants lui pardonnèrent mal les cent francs que sa naïveté avait reçus, misérable somme dont Clemenceau, servi par la fortune, sut acheter l'impopularité d'un adversaire qu'il avait cru redoutable. Marcelin, le grand entraîneur de foules qui fit à sa voix se lever en un jour plus d'hommes que, sans doute, aucun autre mortel avant lui, comptera bientôt, peut-être, le nombre de ses amis, et, ballotté par le destin, verra son nom que la gloire jeta si haut tomber et s'évanouir dans la brume grise de l'oubli.

Pourquoi? Son admirable ténacité, sa foi robuste, le doux et mystique entêtement de sa volonté jamais courbée, n'expliquaient-ils pas ses victoires? Pourquoi ne suffirent-ils pas à en assurer la durée?

Il était le symbole vivant de la détresse commune, le cri sorti des angoisses de tous, l'être universel et surhumain, le fruit de la douleur et de l'espoir.

Il lui fallait cela pour qu'il fût un héros. Il lui fallait autre chose encore.

Le héros pense et sent comme la foule dont la passion, le courage, l'enthousiasme, les vertus sont les siens. La foule le porte, le soulève, le pousse. Il flotte au-dessus des têtes comme un drapeau. Autour de lui, il y a des blessés qui gémissent dans l'ombre, des combattants qui s'affaissent, morts : lui reste debout ; l'espérance chante toujours à ses côtés. Il y en a qui s'arrêtent ou qui retournent en arrière : lui marche toujours en avant.

Mais cela, ce n'est que la moitié du héros. Si son ardeur sort des entrailles mêmes de la foule, elle s'élance et atteint plus haut. Ce que les autres ne distinguent pas, le véritable héros le voit. Son effort, qui part bien de la terre, est fixé au ciel, et la chaîne mystérieuse qui le tire a son point d'attache bien au-delà de la molle et fragile passion de ceux qui le suivent. Obscurément parfois, il dégage ce qu'il y a de général dans la Cause qu'il sert. Par-dessus les intérêts particuliers pour lesquels il semble souvent combattre, il découvre les hauts sommets des intérêts universels. Il pense et sent comme le peuple, mais par des raisons et pour des motifs que le peuple ignore. Il est le trait d'union sublime entre la Force et l'Idée. Il domine les événements. Il écrase les calculs de l'habileté humaine. Il déjoue les ruses en les ignorant. Il s'élève au-dessus même de sa popularité dont il n'est pas l'esclave. Il n'est le délégué de personne, quoique le représentant de tous. Il ne reçoit de mot d'ordre que de la voix intérieure qui lui commande, et il communique sans cesse avec ce qui est éternel.

Peut-être comprendra-t-on comment Marcelin Albert n'avait pas l'étoffe d'un héros. Seule, sans doute, une tragique destinée, en enveloppant sa mémoire dans une gloire sanglante, eût-elle à jamais dérobé aux regards ce qui lui manquait. Au lieu de cette apothéose, le voici qui s'évanouit comme ces formes sublimes et lumineuses que font les nuages quand le soleil se couche, et qui disparaissent avec lui.

... Et cela nous semble douloureux, douloureux et pitoyable... Et nous nous attendrissons volontiers sur le sort étrange du pauvre vigneron d'Argelliers... Avec mélancolie et je ne sais quelle tendresse désabusée, nous le chérissons davantage, maintenant qu'il est méconnu, bafoué, et, ce qui est plus cruel encore, déjà oublié. Nous voudrions, nous du moins, nous souvenir longtemps de lui, et, parfois, évoquer l'histoire sitôt finie de ses exploits et de sa gloire si vite éteinte, avec la douceur triste que l'on a dans la voix quand on parle d'un enfant qui mourut en naissant.

Comme le colosse que vit en songe le prophète, l'idole d'Argelliers avait les pieds d'argile : au moins cette argile était la terre honnête et pure de nos bons champs de France.

IV

EN LISANT GORKI

L'autre soir, je lisais quelques pages des *Vagabonds*, de Maxime Gorki.

Je ne pouvais m'empêcher de comparer ce génie puissant et neuf, si ardemment passionné et si courageusement sincère, à nos anarchistes de profession dont les poussives déclamations laissent toujours une irrésistible impression de dégoût. Depuis que chez nous la Révolution est une carrière, il apparaît bien que l'esprit révolutionnaire a perdu toute sa saveur, et bien que ce soit un crime de juger en dilettante, il est impossible de ne pas constater que la littérature anarchiste perd évidemment beaucoup à cette condition de vie nouvelle de nos farouches réformateurs.

Au reste, — et je ne crois pas avancer un paradoxe, — l'absolue liberté de la presse n'a jamais rien valu aux belles-lettres. Il semble, au contraire, que la nécessité de faire effort pour trouver le moyen de promouvoir certaines hardiesses en les rattachant à d'incontestables vérités ou même à un certain ordre d'idées admis par le plus grand nombre, a toujours eu pour résultat d'aiguiser l'esprit inventif des orateurs ou des écrivains, d'approfondir leurs doctrines, de mûrir leurs jugements, d'aviver la flamme intérieure de leurs enthousiasmes.

De même que l'architecte est bien plutôt soutenu que contrarié dans son travail créateur par les nécessités de construction que lui impose la fin même de l'édifice qu'il bâtit, de même que c'est l'utilité qui a permis aux différentes pièces architecturales de satisfaire d'autant mieux notre goût qu'elles satisfaisaient d'abord notre raison, de même aussi l'écrivain ou le penseur trouvent une force insoupçonnée dans les déterminations mêmes qui, loin de détruire l'idée qu'ils portent en eux, la consolident en la comprimant et lui donnent cette robustesse que ne connaîtront jamais les rêves vains des vaniteux utopistes dont la pensée s'échappe en inconsistantes fumées.

La liberté de tout penser et de tout dire ne nous semble donc pas une bonne condition de fécond travail intellectuel. Supprimer tous les obstacles, c'est du même coup détendre tous les ressorts de l'activité de l'esprit, et voilà pourquoi la libre-pensée moderne qui s'épanouit si béatement dans sa triomphante insuffisance, ressemble si souvent à s'y méprendre à l'absence totale de pensée. J'ai assisté l'autre soir à un meeting que des étudiants socialistes avaient organisé contre le tsar. Cela était si parfaitement idiot qu'il m'a fallu tout un effort de raison et de cœur pour ne pas me sentir emporté vers le despote par une irrésistible sympathie. Quand je songe à Gorki, au grand Tolstoï, je ne puis m'empêcher de les plaindre non d'être persécutés par l'autocratie russe, mais d'être si lamentablement défendus par les méchants et impuissants petits arrivistes de France.

Tout de même, la religion catholique est une bien admirable institution et j'avoue ne pas concevoir pourquoi les esprits indépendants, même les non-croyants, ne tombent pas à genoux devant elle, tout émus de respect laudatif. Eh quoi ! cette indispensable discipline intellectuelle que, si cruellement, le knout du tsar impose au malheureux penseur russe, sans du reste évidemment se rendre nullement compte de la reconnaissance que lui doit la république des lettres, voici que l'Église sait la faire accepter librement et par amour. Elle n'a sur nos esprits que l'ascendant même que nous lui reconnaissons et cet ascendant est tel qu'il suffit à maintenir à travers le monde l'homogénéité parfaite d'une société que ni les différences de race ou de climat, ni les diversités de gouvernements ou de patries territoriales ne sont jamais encore parvenues à briser.

Il est amusant en vérité de voir nos impuissants libres-penseurs attaquer la force de l'Église alors justement que ce qui les irrite c'est d'avoir affaire à une force toute morale sur laquelle leurs lois liberticides ne pourront jamais mordre. Plus le pouvoir les engraissera, plus ils deviendront intellectuellement impotents et plus il sera impossible de voir en eux les frères véritables de ces anarchistes à l'âme mystique et profonde, aux rêves troublants et doux que la sainte Russie enferme pieusement dans son vaste sein comme des germes inquiétants de révolte et d'étrange rédemption.

D'ailleurs Gorki comme Tolstoï, comme tous ceux de là-bas ont des âmes religieuses; ils sont plus près de nous que des francs-maçons ou des délégués de préfecture. Soyons-leur pitoyables. Sachons d'abord être justes à leur égard. L'Église de Russie, avec les scandales de ses prêtres, la simonie de ses popes qui refusent l'absolution aux pauvres moujiks en larmes parce que ceux-ci n'ont pas le rouble convoité par la cupidité sacerdotale, la confusion des deux pouvoirs rattachés au sceptre d'un même monarque, rien n'est fait, avouons-le, pour maintenir ces âmes naïves et chrétiennes dans l'amour fidèle de la religion officielle. Mais, découvrons-leur le vrai christianisme, le catholicisme des Vincent de Paul et des François d'Assise, le seul vrai catholicisme, celui-là que les Papes et les évêques ont toujours défini alors même que parfois, hélas! leurs exemples souffletaient leurs doctrines, celui-là que toujours, à travers les siècles, les témoins authentiques de la foi, les saints de Dieu, ont illustré par l'éloquence de leur sang ou le rayonnement de leur amour, aussitôt ils s'y jetteront éperdument comme au terme de leurs inquiètes recherches, comme au point attendu de leur aventureux voyage !

Si au moins l'union franco-russe encourageait ce généreux dessein de rapprochement et servait à autre chose qu'à remplir les caisses de l'État russe, qui se sont plutôt vidées du côté de l'Extrême-Orient !... D'ailleurs l'heure n'est peut-être pas tout à fait venue d'appeler les Gorki dans notre patrie pour que leurs yeux puissent se dessiller enfin et pour qu'ils découvrent dans sa pleine et forte beauté cet éternel christianisme, la plus humaine et la plus divine des religions tout à la fois : il y a encore trop de réactionnaires en France.

V

A LA CONQUÊTE DE L'ARMÉE

L'armée fut longtemps le refuge des découragés de la politique et des dégoûtés du régime actuel. Quand j'étais enfant, on disait couramment dans les bonnes familles conservatrices : « Depuis que la magistrature est fermée aux honnêtes gens, il n'y a plus qu'une carrière ouverte à nos fils : ils seront officiers. » Et toutes les énergies jeunes de ces milieux vaincus s'orientaient d'instinct, et poussées aussi par les sollicitations paternelles, vers les « grandes écoles », vers Saint-Cyr surtout, qui regorgeait de « jeunes gens du meilleur monde ».

Il paraissait élégant de se désintéresser des luttes brutales des partis. Comment des gens bien nés auraient-ils pu supporter de batailler avec le vil troupeau des anticléricaux de réunions publiques, des journalistes de bas étage et des mouchards de préfecture ? N'était-il pas plus digne et plus décent de se réfugier dans le dernier sanctuaire inviolé de la patrie et de chercher, dans l'accomplissement désintéressé du devoir militaire, l'oubli des vilenies contemporaines et la certitude de faire œuvre utile sans être molesté par de méprisables adversaires ?

Je me souviens du sourire tout particulièrement railleur et hautain de ces futurs officiers lorsque, dès le collège même, ils se rencontraient avec un camarade qui, naïvement, leur disait : « Je veux combattre. Je vais là où il y a bataille... Ce n'est plus, ce ne sera peut-être plus jamais vers la ligne bleue des Vosges, mais bien dans les salles fumeuses de réunions publiques, dans les cabarets de villages, dans les bureaux de rédaction des journaux... Après tout, je suis soldat, moi aussi. » On ne prenait même pas la peine de réfuter les propos de cet illuminé ; on le jugeait si anormal que nul n'eût essayé de lui donner des opinions plus saines, tant le panache du saint-cyrien ou la *tangente* du polytechnicien semblaient devoir nécessairement limiter l'ambition de tout jeune collégien qui se respecte.

Et voilà qu'aujourd'hui l'armée, cette arche sainte du pur patriotisme, est, à son tour, profanée. Après qu'ils se furent assuré solidement le pouvoir, nos anticléricaux ne devaient-ils pas songer que l'armée, dont les cadres d'officiers étaient livrés aux « réactionnaires », constituait un péril pour la sécurité de leur œuvre ? Ils avaient fondé la République ; ne devaient-ils pas vouloir, en bonne logique, une armée républicaine ? Et comme république et anticléricalisme se confondaient pour ces esprits sectaires et bornés, la franc-maçonnerie devait voir dans l'armée une proie et songer à s'en emparer.

Or, rien de plus aisé évidemment pour eux que cette conquête, car justement tout le travail de ces officiers réfugiés dans l'armée par aversion pour les luttes politiques et sociales, avait été de tenir celle-ci à l'écart de tout mouvement d'idées, de toute vie civique, de la courber sous l'autorité impersonnelle d'un commandement anonyme, de l'assouplir à une discipline dont on ne se souciait de fournir ni les raisons, ni les limites. Dès lors, cet instrument de la discipline militaire, que le tempérament des officiers conservateurs, amis et respectueux quand même de l'autorité sous toutes ses formes, avait construit avec amour, pouvait aisément devenir, entre les mains des francs-maçons moins scrupuleux de la neutralité de l'armée, un merveilleux moyen de domination et de tyrannie.

On sait les tristes scandales de ces derniers temps, les honteuses délations, les secrètes et basses inquisitions torturant ces officiers, si fiers autrefois de faire partie d'un corps où l'on n'a pas le droit de parler. Rien ne semble devoir arrêter les vexations anticléricales, et si, par aventure, la mesure paraît trop pleine et la majorité gouvernementale hésitante, il se trouve vite, dans les milieux antiministériels, quelque violent maladroit pour raffermir le gouvernement et remettre sur pied un ministre qui s'effondre par le secours d'un soufflet sauveur.

Nous assistons vraiment à un curieux spectacle. Pendant plus de vingt ans, en immense majorité, les officiers français furent des catholiques et des conservateurs : ils eurent même d'abord le gouvernement avec eux. Durant un si long temps ils ne firent rien pour transformer, dans le sens de leurs idées, les générations qui, au seuil de la vie civique, passaient entre leurs mains. Non seulement, une délicate réserve et une scrupuleuse conscience de leur devoir militaire les empêchaient de se livrer à un prosélytisme religieux, mais ils ne se souciaient même pas de leur fonction sociale et de leur rôle éducateur. « Le but de l'armée, répétaient-ils, ce n'est pas de façonner des citoyens, mais de former des hommes pour la guerre. » Et je me souviens de la pitié et de l'ironie avec lesquelles ils accueillaient mes projets et mes efforts tandis qu'à Toul, grâce à la bienveillance d'un commandant protestant et plutôt anticlérical, je pouvais organiser, pour tout le bataillon, une sorte d'Institut populaire militaire. « Vous verrez, leur disais-je... L'armée s'ennuie. Les loisirs de la paix l'épuisent. Ce grand corps se meurt parce qu'il n'a plus d'âme qui l'anime. Si l'armée ne devient pour chaque Français une école fraternelle où l'on apprend à mieux comprendre et à mieux aimer la patrie, elle deviendra bien vite, entre les mains des sectaires, une nouvelle arme d'oppression et de tyrannie. Car, ce que nous autres, officiers catholiques, pourrions encore faire aujourd'hui si nous le voulions, eux, ils auront l'énergie de le faire ; et encore une fois notre apathie et notre inintelligence des besoins présents nous perdront. »

Hélas ! je n'avais que trop raison. Tandis que nos camarades catholiques nous suivaient peu ou point, au même moment un groupe de jeunes officiers anticléricaux, parmi lesquels se trouvait le fils du député ministériel Guieysse, commençait dans l'armée une intelligente et vigoureuse campagne en faveur de l'éducation populaire. Ils préparèrent ainsi le terrain et le général André sentit aisément qu'il y avait là quelque chose à faire : il multiplia ses encouragements aux nouvelles tentatives.

Voilà donc le résultat pitoyable de cette hautaine abstention de la plupart des familles catholiques qui, d'un commun accord, poussèrent leurs fils vers la carrière des armes, sans doute par patriotisme, beaucoup aussi pour qu'ils puissent y vivre à l'abri des laideurs et des dégoûts de notre société contemporaine. C'était un peu l'horreur des vilaines batailles politiques et sociales qui engendraient toutes ces vocations de guerriers. Or, on ne fuit pas impunément la bataille : la bataille vous poursuit et vous rattrape... Et voici maintenant que l'armée ne sera plus pour ces fils de la noblesse et de la bourgeoisie bien pensante une « carrière possible ». Elle leur sera fermée : on les en aura chassés. De même, les abris sacrés où se réfugiait la piété mystique des âmes d'élite ont été profanés. On a mis des scellés sur ces demeures de prière et de recueillement. C'est partout le combat, l'âpre mêlée. Impossible maintenant d'ignorer les adversaires, de se faire une vie sans tenir compte de leur fougue mauvaise et de leurs cruelles exigences. Ceux-là mêmes qui ont fait vœu de mener l'existence des *parfaits* et qui entendent sauver le monde par des prières et des mortifications devront se mêler plus intimement encore à la foule aveuglée ou coupable pour laquelle ils prient et ils souffrent.

Après tout nous plaindrons-nous et oublierons-nous la parole du Maître : « Je ne suis pas venu apporter la paix, mais la guerre » ? L'Amour sera plus fort que les embûches et les pièges ; la Vérité vaincra la Nuit, si nous le voulons. Nous n'avons pas assez confiance en la société contemporaine. Nous méprisons trop notre siècle. Comment, dès lors, celui-ci entendrait-il notre voix ?

Et voilà pourquoi, si l'union est indispensable pour l'œuvre de défense, à elle seule, elle ne suffit pas à l'œuvre de conquête. Les catholiques semblent perdre chaque jour pied sur les terrains mêmes où ils s'étaient réfugiés : ils en sont chaque jour délogés... Et pourtant, quelle prodigieuse force de pénétration aurait une âme ardemment démocratique et chrétienne ! Aussi bien, ne désespérons-nous pas de l'avenir ; les expériences du passé et du présent, pour douloureuses qu'elles soient, ne nous découragent pas. Les catholiques ne peuvent pas traîner les siècles en arrière, mais ils peuvent les pousser en avant. Ils feront, s'ils le veulent, la République démocratique en France, mais il faut pour cela une génération nouvelle, non pas résignée à la République et à la Démocratie, mais passionnée pour elles. Je sais que cette génération est déjà née et que ni les adversaires de gauche, ni ceux de droite ne pourront l'étouffer. Donc, j'ai le droit d'espérer.

VI

UNE IDOLE

Ayons la force de le voir et le courage de le dire : les luttes fratricides qui déchirent la France portent du même coup atteinte au patriotisme lui-même.

Une patrie, en effet, ce n'est pas seulement un territoire délimité dont les habitants sont soumis aux mêmes lois, c'est encore un patrimoine commun de traditions, une identité d'aspirations, une unanimité morale enfin. Dès lors, tout ce qui divise profondément les enfants d'une même terre, tout ce qui les pousse à orienter en sens contraire leurs désirs et leurs desseins, tend à briser l'amour même de la patrie. Celui-ci se fortifie et s'enrichit, au contraire, de tous les souvenirs également chéris, de toutes les idées admises par tous, de tous les buts collectifs que chacun poursuit, de toutes les tâches partagées, de tous les labeurs communément acceptés.

C'est évidemment en ce sens que toutes les fois que l'État se proclame neutre, sur quelque terrain que ce soit, le patriotisme s'en trouve affaibli. Non certes que l'État puisse imposer des doctrines. Son rôle est seulement de les constater et parfois de les défendre. Toujours est-il qu'il n'est à même de les constater utilement et sans provoquer de discordes civiles que dans le cas seul où l'unanimité de l'opinion publique le lui permet; et plus cette opinion publique est exactement déterminée et sûrement orientée, plus évidemment l'idée de patrie devient compréhensive, renfermant en elle toutes les certitudes et toutes les volontés communes.

Or, s'il se trouve que les habitants d'un même sol soient tellement divisés par leurs opinions, leurs croyances, leurs intérêts sociaux ou religieux, économiques ou moraux, que ces divergences profondes les séparent plus que ne les rapproche la communauté même de leur origine, comment ne pas voir que c'est le patriotisme qui est ainsi tout à fait écrasé et incapable de servir encore de lien effectif pour unir des hommes que tout sépare. D'autant plus que les frontières ne limitent pas le plus souvent les intérêts économiques ou religieux, et c'est donc par-dessus ces fragiles remparts que tendraient à s'établir de nouvelles patries fondées sur les intérêts matériels ou moraux les plus aigus et les mieux sentis.

Il est impossible de ne pas constater que l'extraordinaire rapidité des communications, la diffusion à travers tous les pays des productions scientifiques ou littéraires, la communauté des revendications ouvrières ou des tentatives capitalistes internationales ont tellement mêlé les préoccupations de nos concitoyens que les limites des états semblent de plus en plus impuissantes à les enserrer.

En face de cette crise de l'idée de patrie certains nationalistes s'écrient avec une belle assurance :

— Avant tout, sauvons la patrie.

Et par ce mot, ils entendent la patrie territoriale.

Ils ne prennent pas garde que l'idée de patrie a étrangement évolué à travers les siècles, s'élargissant ou se restreignant tour à tour suivant les contingences ou les nécessités multiples. La vieille Rome dominatrice avait tellement ouvert sa Cité qu'elle était parvenue à la confondre avec le monde civilisé tout entier. Les Barbares brisèrent cette imposante unité et mille petits groupements inconsistants et chaotiques, sans territorialité bien déterminée, suffirent pendant longtemps à satisfaire les besoins d'association de ces peuples incultes, auxquels l'Église catholique devait peu à peu enseigner la notion bienfaisante d'une chrétienté ouverte à tous les peuples fidèles, capable même de discipliner leurs ardeurs et d'apaiser leurs conflits. L'histoire nous montre ce que les monarchies absolues firent des patries en les organisant, en les concrétisant, en incarnant leurs âmes désormais conscientes d'elles-mêmes. Quant au fameux *principe des nationalités*, il est de date plus récente encore, et l'on sait comment Napoléon III s'en inspira pour favoriser la fondation du Royaume d'Italie et, par une conséquence désastreuse pour lui, la création de l'Empire allemand.

Ce que l'histoire ne peut évidemment encore nous apprendre, c'est comment la Démocratie, dont nul n'est assez aveugle pour nier l'irrésistible montée, comprendra et réalisera la patrie. Tout au plus pourrait-on essayer de pressentir quelques-uns des caractères de cette patrie nouvelle, plus dégagée peut-être de l'oppression des trop lourds atavismes héréditaires, moins imposée, mieux consentie, plus spiritualisée en un mot. Contentons-nous, pour ne pas nous engager dans la voie périlleuse des hypothèses toujours hasardées, de faire éclater ce qu'il y a de faible et d'intenable dans la situation de ces nationalistes qui songent à immobiliser la patrie dans une des formes qu'elle a traversées et traverse encore aujourd'hui, j'en conviens, mais qui ne saurait limiter son évolution, disons mieux, sa lente et sûre ascension. De même, nous nous refusons absolument à admettre que le salariat soit éternel. La propriété durera toujours ; la forme particulière de la propriété qu'est le capitalisme actuel, non. Nous dirons également : les sociétés humaines, les groupements de familles, les cités, les organismes vivants tendant à unir des hommes entre eux ne sauraient jamais disparaître. Sur les ruines des édifices qui s'effondrent, s'élèvent toujours les maisons nouvelles qui abriteront les races neuves ; et c'est, sans cesse, un perpétuel recommencement. La patrie donc vivra toujours ; mais de quel droit oserions-nous affirmer, pauvres êtres débiles, désireux de tout ramener à l'étroitesse de notre entendement borné et de notre vie éphémère, que l'évolution s'arrêtera avec nous et que la patrie ne connaîtra jamais d'autre forme que celle que nous constatons aujourd'hui sous nos yeux et dont pourtant il nous est parfois facile de deviner déjà la vétusté.

Quant à nous, bien loin de faire, avec les nationalistes, du *salut national* la fin suprême de tous nos efforts, nous considérons que l'amour de la patrie ne doit être qu'une spécialisation de l'amour plus large et plus élevé de Dieu et des hommes. Nous aimons la France parce que nous entendons nous servir de la France pour travailler à faire régner plus de justice et plus d'amour dans le monde. Au reste, nous avons bien garde, ainsi que le font certains internationalistes, de nous dispenser des devoirs qui nous incombent vis-à-vis de ceux dont nous sommes immédiatement entourés, sous prétexte que nous aimons universellement l'humanité. Nous connaissons des hommes, mais nous n'avons jamais rencontré l'Homme. Serait-on donc excusable de laisser sa vieille mère ou ses enfants mourir de faim pour verser d'abondantes aumônes en faveur des affamés des Indes ou de l'Afrique?

Mais ce que nous trouvons dangereux et puéril, c'est de s'arrêter à l'un des moments de l'évolution patriotique, d'affirmer qu'il est définitif et intangible, de délimiter arbitrairement ainsi le patriotisme, de l'accaparer en quelque sorte et de découvrir ensuite avec une ingénuité triomphante qu'il n'y pas de patriotisme en dehors du nationalisme et que le nationalisme intégral c'est la monarchie.

Évidemment! On a inclus *a priori* dans le patriotisme le germe monarchique. Comment s'étonner ensuite que la monarchie sorte du patriotisme? De même, certains physiciens, trop oublieux des méthodes expérimentales et amoureux de mathématiques, mettent dans leur transcription algébrique du phénomène insuffisamment étudié, la formule même qui traduit leur postulat. Ils admirent ensuite que le développement de la formule donne satisfaction à leurs aventureuses prévisions. Beau miracle, en vérité ! ils ont imposé la formule au phénomène et celui-ci est tout à fait innocent des déductions injustifiées qu'apporte docilement la mathématique asservie.

Quant à songer un seul instant à identifier la cause de l'éternel catholicisme à celle du patriotisme nationaliste, on ne saurait évidemment tomber sérieusement dans une aussi extravagante erreur... Et cependant que n'avons-nous pas entendu ? Les mêmes hommes qui voudraient unir indissolublement la forme particulière de leur patriotisme à l'Église, réclament également que celle-ci monte éternellement la garde autour d'une organisation sociale dont ils croient bénéficier et qu'en tout cas ils se refusent à ne pas considérer comme éternelle.

Et pourtant, comment être assez aveugle pour ne pas découvrir que la religion du Christ domine ces contingences de toute sa hauteur, et que les manteaux qu'elle revêt tour à tour ne peuvent jamais altérer sa divine essence? Le catholicisme d'ailleurs ne s'est-il pas toujours présenté au monde comme le gardien et le distributeur d'une justice et d'un amour universels, c'est-à-dire, par cela même, évidemment internationaux. N'a-t-il pas créé, bien au-dessus des cités terrestres, la divine cité des âmes? N'a-t-il pas prouvé à tous que d'autres liens pouvaient unir les hommes que ni la chair, ni le sang n'avaient faits, et qu'une société parfaite, l'Église, pouvait, à travers les siècles, garder son autorité et sa fixité, toute la puissance même de sa hiérarchie, en dehors de l'hérédité charnelle et par la force même de l'Esprit qui vivifie?

Sans doute, l'Église est une société spirituelle et on n'a pas le droit de réclamer une constitution analogue pour les sociétés temporelles, mais vraiment par quel curieux paradoxe ose-t-on prétendre que l'Église, soucieuse seulement de maintenir la propriété dans sa forme capitaliste et la patrie dans sa forme territoriale, pourrait voir avec regret l'évolution morale et sociale des peuples qui les pousserait vers une organisation plus libre, plus fraternelle, moins asservie aux forces de la matière, plus imprégnée de cet esprit même que l'Évangile a répandu sur le monde.

Au reste, certains nationalistes ont le mérite d'une extrême franchise.

— La patrie doit passer avant tout le reste, nous disait récemment l'un d'eux dans une réunion contradictoire. On ne peut se donner jusqu'au bout qu'à une idée, qu'à une Cause qui domine toutes les autres. On est catholique, protestant, que sais-je ? ce sont des prénoms cela. On est français d'abord : c'est le nom de famille.

— Alors, répondis-je à mon précieux contradicteur, un catholique ne peut pas être patriote à la façon des nationalistes. Un catholique doit faire passer le catholicisme avant tout le reste. Il n'adore le Christ et ne reconnaît son Église comme divine qu'à cette condition. Dès lors, nul véritable catholique ne peut vous suivre.

Voilà, en effet, le vrai danger pour les nationalistes intégraux. De même que la révolution sociale est, pour les socialistes, une religion, de même la patrie pour les nationalistes. Ils la croient supérieure à toute loi, à toute morale. La *raison d'état* justifie tout. N'ont-ils pas naguère inventé ce mot coupable de *faux patriotique?* L'effort de leur logique, le travail de leur raison n'a d'autre sens que de découvrir les moyens les meilleurs de soutenir et de fortifier cette patrie qui est leur dieu. Mais elle, et bien qu'ils se disent positivistes, ils la placent au-dessus de tout examen, de toute critique.

Nous ne saurions trop, en vérité, nous élever contre un semblable entraînement. Les pseudo-démocrates qui asservissent la France ont tellement abusé de ces mots de liberté, de fraternité, de justice, d'amour, qui n'avaient pas de sens dans leur bouche, qui sonnaient creux et faux, qu'une curieuse griserie intellectuelle s'est emparée d'une portion notable des esprits studieux et réfléchis qui préfèrent la forte et pleine harmonie de ces autres expressions qui les séduisent : tradition, hérédité, continuité, organisme social, nationalisme intégral.

Mais qu'on y prenne bien garde, sous tous ces ornements qui plaisent à plusieurs par leur dignité, par leur beauté grave et forte, comme sous les oripeaux sanglants qui revêtaient autrefois la païenne déesse Raison, se cache toujours une idole.

Nous n'ouvrirons pas nos cœurs à l'idole, nous les avons donnés au Christ éternel, Vérité, Justice et Amour universels pour tous les siècles et pour tous les peuples.

VII

LE DUEL

Si nous sommes chrétiens, ayons la force de l'être jusqu'au bout.

Nous adorons Dieu. Nous croyons à Jésus-Christ. Nous ne pouvons nous agenouiller devant aucune idole.

Or, le faux honneur mondain élève des idoles. Certains, qui ne veulent pas leur rendre un culte public, n'osent pas cependant non plus les renverser. Ils passent à côté d'elles en faisant semblant de ne pas les regarder. Ils blâment le zèle incommode et intempestif de ceux qui s'attaquent à ces faux dieux. Ils ont même de la rancune contre les dangereux exaltés qui posent inconsidérément des questions qu'il ne faut pas soulever.

Dans certains milieux « bien-pensants », il n'est pas de mise de mal parler du duel. Le duel, en effet, est une noble et très aristocratique tradition, et, vraiment, il y a quelque grossière impertinence, tout à fait digne d'un manant, à flétrir ce vieil usage que les milieux populaires ont toujours ignoré et qui ne s'est jamais acclimaté que chez les gens « comme il faut. »

Peu importe que le duel soit une barbare imbécillité ou un sport élégant et sans danger, le duel est dans les mœurs d'un certain monde ; il ne faut pas l'attaquer, car cela serait, du même coup, s'en prendre aux hommes d'honneur qui le réclament ou l'admettent.

Peu importe que l'Eglise condamne le duel, excommunie les duellistes et leurs témoins. Beaucoup de catholiques, très ennemis des juifs, des francs-maçons et des libres-penseurs, très résolus à étrangler la *Gueuse*, se battent en duel; des hommes considérables, très conservateurs, universellement estimés dans les milieux religieux, leur servent de témoins. Cela

s'est toujours fait ainsi. C'est une mauvaise
œuvre d'anarchie que de lutter contre une « tradition française », — bien digne assurément de
ces jeunes révolutionnaires du *Sillon* qui sont
décidément tout à fait « anti-sociaux. »

... Et c'est toujours la même chose. L'ignoble
chanson de la *Taupe*, l'*Artilleur*, nous affirmait un ancien polytechnicien très catholique
et très vertueux, doit être admise parce que de
tout temps elle a été chantée à l'Ecole, et parce
que les anciens élèves de Polytechnique, même
lorsqu'ils prennent de l'âge et deviennent in-
génieurs en chef ou généraux, austères et irré-
prochables pères de famille, continuent encore
à la chanter lorsqu'ils se réunissent ensemble
pour des banquets de promotions.

Tout esprit sincère et libre saisira la connexion
évidente de toutes ces questions si dissem-
blables en apparence. On est polytechnicien, on
est homme du monde, on est socialiste révolutionnaire, on est syndicaliste avant que d'être
chrétien, avant que d'être même honnête
homme tout simplement. L'esprit de classe,
l'esprit de caste, c'est la même chose sous deux
noms différents. Il y a des chauvins patrio-

tards qui font passer la France avant Dieu. Il y a des internationalistes pacifistes qui font passer le prolétariat organisé avant l'humanité.

Nous avons le devoir de dénoncer partout et toujours cette faiblesse, cette impuissance enfantine ou sénile d'esprits incapables de juger juste, de voir hardiment, et qui tombent toujours épuisés à mi-chemin sur les routes de la pensée.

Nous parlons aujourd'hui du duel, parce qu'en moins de quinze jours nous venons d'être provoqué deux fois en duel par des catholiques qui nous reprochaient justement de ne pas être assez catholique, de manquer de soumission envers l'autorité religieuse et de nous montrer trop indépendants dans notre façon de penser et d'agir. L'un d'eux, même, nous a justement provoqué parce que, alors qu'il venait d'affirmer hautement son intention de ne pas se soumettre aux lois de l'Eglise sur le duel, nous avions refusé de mettre fin à ce débat religieux en lui serrant la main, ce qui aurait voulu dire, en l'occasion, que nous acceptions l'invraisemblable proposition qu'il n'avait pas craint de soutenir : il y a deux écoles catholiques, l'une pour, l'autre contre le duel.

Vous provoquer en duel uniquement parce que vous avez refusé de reconnaître que le duel était permis, cela est déjà passablement extravagant. Mais plus attristante encore l'attitude de ceux qui se sont scandalisés de la prière que nous avons faite à Dieu, le suppliant de nous associer, s'il le fallait, aux humiliations de son Fils, mais de faire cesser les blasphèmes de ce prétendu catholique.

Tandis qu'à la salle des Charmettes la foule des braves gens approuvaient notre langage avec leur raison et avec leur cœur, tandis que le lendemain nous recevions des lettres émues de prêtres qui nous affirmaient que notre attitude avait fait tomber les défiances qu'ils avaient sur l'orthodoxie du *Sillon*, quelques pères de famille épouvantés de notre audace concevaient le stupéfiant dessein de nous dénoncer à l'Archevêché comme très dangereux pour les jeunes gens que nous impressionnions trop vivement, au point de les rendre malades, par nos discours entachés d'un mysticisme suspect trop voisin de celui de certaines sectes protestantes condamnées par l'Église.

Il paraît qu'autrefois une députation d'hommes

de loi étaient venus trouver le bâtonnier de l'Ordre des avocats, se plaignant que notre grand-père, Mᵉ Lachaud, empêchait de rendre la justice, parce qu'il impressionnait trop les jurés.

Il faut donc croire que c'est de famille. Mais ce qui certainement aussi provient bien de la même famille de sentiments, c'est le pitoyable effarouchement de tous ceux qui, sur quelque terrain que ce soit, ont peur de quiconque *croit que c'est arrivé* et va jusqu'au bout.

— Soyez plus indulgents. Certes, les catholiques ne sont pas parfaits : ceux-ci commettent telle faute, ceux-là telle autre. Le duel, après tout, c'est un péché comme un autre. Est-ce que vous ne faites pas des péchés, vous aussi?

— Hélas oui ! Et comme nous savons que le Maître a dit que celui-là seul qui était sans péché pouvait jeter la première pierre, nous avons donc pris la résolution de ne jeter la pierre à personne.

Mais ce n'est pas du tout de cela qu'il s'agit. Il y a sur terre une foule de pauvres êtres très déchus et très coupables, et qui ont souvent commis de ces crimes que le monde ne pardonne pas, parce que le monde, lui, ne connaît ni confession, ni rémission. Ces malheureux méritent toute notre pitié. Ils sont écrasés, sinon sous le poids de leurs remords, du moins sous celui des lamentables conséquences de leurs fautes. Comment aurions-nous le courage de nous indigner contre eux ? Ils sont faibles et ils tombent. Au moins, ils sentent confusément qu'ils tombent, et s'ils n'ont pas le courage de se relever, l'idée qu'ils pourraient un jour avoir ce courage ne leur est pas en horreur. Ils ne méprisent pas ceux qui se tiennent debout. Aussi bien, Jésus leur a-t-il apporté le divin secours de sa main secourable. Il a écouté la femme adultère tombée à ses genoux et qui pleurait. Il lui a pardonné.

Mais Jésus a maudit le monde. Ces effroyables paroles sont sorties de sa bouche toujours ouverte cependant pour bénir : « Je ne prie pas pour le monde. »

Nous, les disciples du Maître, nous, à qui Il a tenu à apprendre Lui-même la prière qu'il faut dire à son Père, nous ne pouvons pas non plus prier pour le monde. Certes, nous prions et avec toute l'ardeur de la Charité chrétienne pour ceux que le monde retient captifs dans les liens honteux de son esclavage et de son faux honneur, — la violence même de cette invocation a scandalisé quelques bonnes âmes trop timorées, — mais pour le monde nous ne prions pas. nous n'avons pas le droit de prier.

O divin scandale de notre foi! Folie pour les Gentils, sagesse pour ceux qui, suivant la parole de saint Jean, « ont cru à l'Amour, » comme il est doux de s'attacher à toi avec une forte et tendre dilection!... Mais pourquoi faut-il que tous ceux qui reçoivent le même Christ dans leur cœur, communient de la même Eucharistie, ne sentent pas, d'une âme unanime, ta sublime et féconde beauté, et que quelques incroyants qui n'ont même pas reçu les miettes du festin semblent parfois te comprendre et t'admirer davantage que plusieurs des Fils de la Famille?...

VIII

RÉPUBLIQUE ET DIPLOMATIE

...Ainsi donc, la guerre était vraiment imminente. Du jour au lendemain, elle pouvait éclater. Tout d'un coup, un ordre de mobilisation nous eût tous jetés à la frontière, accumulant les larmes et les deuils, brisant brutalement la paix et le bonheur de milliers de familles, troublant profondément la vie nationale.

Or, qui donc au juste, parmi nos compatriotes, connaît exactement cette fameuse question du Maroc? Qui donc surtout a été consulté? Qui donc a pu placer dans le plateau de la balance le poids même d'un conseil, d'un avis ou d'un vœu ! Personne. Absolument personne. La Chambre, elle-même, a été condamnée au silence. L'intérêt supérieur de la défense nationale exigeait, paraît-il, la discrétion. Sans doute, lorsqu'il s'agit d'une question d'octroi ou de tarif douanier, ou bien encore d'une affirmation toute platonique de respect de la propriété individuelle ou de patriotisme, on laisse les meetings se multiplier, les journaux allonger leurs violentes et inutiles colonnes, les députés s'amuser durant d'interminables séances au jeu puéril d'un ridicule parlementarisme, véritable hochet entre leurs mains d'enfants impuissants. S'agit-il, au contraire, de bouleverser le pays, d'envoyer à la mort des milliers de jeunes hommes, de troubler la paix de l'Europe, aussitôt on redevient sérieux, les amusements cessent comme par enchantement, et c'est dans l'ombre d'un cabinet de travail, en secret, que tout se décide souverainement et que la paix ou la guerre, c'est-à-dire la vie ou la mort de tant d'hommes, sont imposées sans appel.

Rien n'est certes plus opposé au principe même de la Démocratie, car évidemment, rien ne limite plus la conscience et la responsabilité, puisque nos concitoyens, sans avoir été tenus au courant de rien, sans avoir rien voulu, rien consenti, rien su, risquent toujours d'apprendre le matin, en se réveillant, que la guerre est déclarée.

Je sais bien que les projets et les desseins de la diplomatie ne peuvent pas toujours être impunément divulgués, et qu'une nation risquerait de payer cher sa trop loyale naïveté. Je conviens à merveille que les problèmes de la politique étrangère échappent aujourd'hui tout à fait à notre Démocratie que passionnent d'autres luttes et qu'exaltent d'autres batailles.

Je reconnais aisément tout ce qu'on voudra, mais j'affirme bien haut que ce sont justement ces exigences de la diplomatie, cet état des mœurs publiques, cette ignorance du peuple, cette nécessité de tenir à l'écart des conseils souverains l'élite même de la nation, qui constituent quelque chose d'absolument, de radicalement antidémocratique.

Parlant de la France, un illustre Norvégien disait naguère que notre pays est une *république monarchique*. C'est vrai. C'est déplorable. Car, ainsi, nous n'avons ni une vraie et bonne république, ni une vraie et bonne monarchie. Notre république, c'est comme une monarchie appauvrie, diminuée, comme une monarchie décapitée. Le problème qui nous occupe va justement faire éclater la justesse de cette critique.

En effet, que le roi puisse, à lui tout seul, déclarer la paix ou la guerre, cela se conçoit, car le roi est l'incarnation même de l'âme du pays : la sève vigoureuse des fortes traditions doit animer et soutenir sa race ; un assentiment unanime légitime son pouvoir ; tous lui donnent une aveugle confiance, lui consentent un crédit illimité. Si le roi n'est pas cela, il risque fort de n'être plus qu'un tyran ; c'est qu'alors les mœurs publiques ne peuvent plus, sans doute, supporter la royauté, et la monarchie est condamnée à craquer bientôt.

Mais, ce pouvoir royal n'a plus de sens, c'est une absurdité, si on le concède à celui qui n'est pas le roi, au ministre d'un jour que les hasards du parlementarisme ont porté au pouvoir, qui est inconnu de la foule, qui n'est pas le *Père du peuple*, mais un politicien quelconque. Quand on disait : « Il faut mourir pour son roi et pour son pays », rien de plus légitime que d'accorder au roi le droit de déclarer la guerre ; mais aujourd'hui le ministre continue à faire la paix ou la guerre, et je ne sache pas que, dans le fond de nos provinces, les mères, baisant au front leurs fils, le jour du départ pour la frontière, aient idée de leur dire : « Mon enfant, va te faire tuer, s'il le faut, pour la France et pour M. le Ministre. »

Toujours l'inconséquence, toujours l'illogisme ! On ne va jamais jusqu'au bout de sa pensée. On n'a pas le courage de penser.

— Mais qu'est-ce que vous voulez donc? s'écriera-t-on scandalisé. Vous êtes fou, maintenant! Voilà que vous battez en brèche les idées mêmes sur lesquelles repose le salut national... Eh! où allons-nous! à quelle débâcle épouvantable, si chaque soldat doit, avant d'obéir à l'ordre de mobilisation, étudier durant de longues semaines la politique étrangère et se faire une opinion sur la question du Maroc!... Vous êtes tout à fait un illuminé, mais un illuminé dangereux.

Il ne faut pas tout de même nous faire plus

bête que nous ne sommes. Nous n'avons pas la naïve candeur d'écolier de M. Hervé. Nous comprenons mieux la complexité des choses humaines, et nous avons senti, comme à chaque pas, dans notre vie, le mystère qui se cache au fond de tout et sur lequel tout ou peu s'en faut repose. Nous savons que Joseph de Maistre n'était pas un imbécile, lui qui voyait dans la guerre je ne sais quelle providentielle messagère de rédemption, qui affirmait que jamais la vie ne sort que de la mort, et qui dénonçait très courageusement les erreurs amollissantes d'un humanitarisme que la Révolution avait fait cependant victorieux et sanguinaire.

Mais ce que nous disons, c'est que, si l'on n'est pas monarchiste, si on a conçu le rêve de la République démocratique, c'est-à-dire d'un pouvoir que soutient l'opinion publique, d'une discipline librement consentie, d'une autorité de plus en plus morale et de moins en moins matérielle, on doit être nécessairement choqué par les exigences de la diplomatie, par la constitution même des Etats modernes. Notre république monarchique n'est pas une solution. Nous avons le devoir d'en chercher une autre.

Vous nous objectez qu'il y a des questions qu'un bon Français ne doit pas poser. Je vous répondrai que c'est justement parce que je suis un bon Français que je les pose; autrement vous finirez bien par éprouver que ces questions seront posées et résolues contre la France.

N'acceptons donc pas l'état présent comme un idéal. Surtout, ne le déclarons pas intangible. Gardons-nous de proclamer que jamais un peuple ne pourra prendre conscience de ses destinées internationales et avoir une volonté assez ferme et assez sûre pour s'affirmer au delà même des frontières. La Démocratie, en effet, exige impérieusement cette radicale transformation de la diplomatie internationale...

Je sais bien qu'en tenant un tel langage, nous risquons de grossir encore le nombre de ceux qui crient : « Mais votre Démocratie est impossible! » Peu nous importe. Au moins, nous aurons dégonflé la vague phraséologie des faux républicains. Nous croyons que la Démocratie mérite qu'on ne la serve pas avec un bandeau sur les yeux.

— La conclusion de tout cela? La conclusion? nous objectera-t-on enfin avec impertinence.

La conclusion, la voici :

D'abord, ayons toujours le courage de regarder en face les questions qui se posent. Ne faisons pas comme l'autruche qui cache sa tête derrière un arbre pour ne pas voir l'objet de sa terreur et croit qu'elle est ainsi en sûreté.

Ensuite, travaillons sur nous-mêmes et autour de nous. Développons le sens social, l'esprit civique. Exerçons-nous, par la plus désintéressée des propagandes d'idées, à faire triompher ce que nous croyons être la vérité. Découvrons jusque dans le plus humble des labeurs quotidiens ce qui déborde l'étroitesse de ce labeur et lui donne une dignité supérieure et une valeur humaine.

Alors, nous travaillerons vraiment pour la Démocratie. Alors, nous aurons le droit de dire que nous sommes des républicains démocrates. Autrement, nous ferions, en vérité, tout à fait mieux de nous taire.

IX

LE ROI

Alphonse XIII a fait à Paris l'honneur d'une visite.

On a donc pu s'enrouer à crier : Vive le Roi ! Tout à loisir, on a pu acclamer le jeune et gracieux souverain dont « le sourire — c'est le style des journaux — a conquis Paris ! »

Simple amusement, vulgaire mascarade, insinueront les hommes graves et « fermement républicains. »

On me permettra de juger insuffisante leur analyse psychologique. Sans doute, les feuilles monarchistes risquent fort de se tromper lorsqu'elles prétendent que le jour où le roi fit son entrée dans la capitale, « tout Paris se réveilla royaliste. » Mais, tout de même, plus d'un sans doute, embrassant d'un même regard le jeune souverain, si simple et si élégant sous son uniforme, si accoutumé à saluer sans hauteur et sans feinte ou bourgeoise bonhomie, entraîné vraiment depuis sa naissance au difficile métier de roi... et notre vieux président, pesamment effondré dans le fond du landau, vivant symbole de ce médiocre parlementarisme, qui s'épuise en petites luttes mesquines et ne place les honneurs suprêmes que dans l'impuissance d'une représentation qui n'a même pas le faste auguste d'une simplicité romaine, plus d'un, certes, se sera dit avec un peu de tristesse : « Le nôtre ne fait pas bien bonne figure ; il n'a pas de race. »

Et comme celui dont la race fait envie est justement un des petits-fils de notre Louis XIV, cela est amusant de sentir cet inconscient regret d'une richesse perdue, d'une puissance abolie, d'une force royale qui fut, durant si longtemps, tellement française que l'Europe était follement jalouse de mêler le sang de ses monarques à celui de nos rois.

Non, il n'est pas vrai de dire que la France soit déjà toute gagnée au tempérament républicain.

D'abord, ceux qui détiennent le pouvoir ne semblent guère capables de collaborer vraiment avec la nation; tout à la fois ils sont les esclaves du suffrage universel et l'asservissent en le flattant ou le déshonorant. Leur autorité est sournoise et hypocrite : leur but est de la faire subir sans qu'on s'en doute. Leurs desseins les plus nobles visent rarement un but plus haut que le triomphe d'une coterie. Au reste, l'habitude du pouvoir, — si l'on peut appeler de ce nom les timides et cruelles tyrannies qu'ils exercent, — leur a fait toucher du doigt la faiblesse et l'incurable débilité d'une autorité sans cesse à la merci des jalousies, des ambitions basses, des vaines agitations. Comme fatalement, ils glissent à travers les fureurs du jacobinisme, vers les trompeuses sécurités du césarisme. Ils connaissent trop les comités électoraux, la foule inconsistante, que soulève parfois le divin enthousiasme, mais que le plus souvent travaillent les haines profondes qu'on y a semées. Vraiment, ils ne peuvent plus *croire que c'est arrivé.* Ce sont des désabusés, des sceptiques. Ils parlent de la République comme parlaient de l'Église et du bon Dieu, — avec l'élégance, et l'esprit en moins, bien entendu, — les abbés de cour qui égayaient de leur impertinent libertinage la vieille monarchie chrétienne à quelques jours de sa ruine.

Pour les autres, pour la masse des naïfs, la République, c'est l'égalité. C'est le désir de tout niveler : « Après tout, je vaux bien autant que lui ! En Démocratie, chacun gouverne. Il faut donc que chacun passe à son tour ! »

Et, comme il y a trente-six millions environ de Français, l'encombrement est grand aux guichets du pouvoir. Le nombre des mécontents dépasse toujours celui des satisfaits et des repus. On se dédommagera en se persuadant que l'on est d'autant meilleur républicain que l'on méprise davantage tout pouvoir, toute autorité, toute supériorité. On fera sottement l'apologie du sens individuel, en affirmant que c'est abdiquer toute pensée libre que de découvrir au-dessus de soi une loi pour la pensée, toute indépendance civique, que d'apporter son effort à une œuvre collective qui déborde l'étroitesse d'un individu, celle même d'une génération...

Et comment, en suivant une telle route, ne sentirait-on pas de temps en temps, ne fût-ce qu'en regardant passer le *petit roi*, je ne sais quelle curieuse inquiétude, quelle angoisse de voir malgré tout la France diminuée, engourdie dans sa paix de plus de trente ans, usée dans ses vilaines luttes intestines, et n'arrivant à éviter les pires catastrophes qu'en se résignant, avec la sagesse d'un petit bourgeois retraité, à une utile et rassurante médiocrité ?

Et, que voulez-vous ! Les nationalistes n'y feront rien. Boulanger a bien pu entraîner les foules à la suite de son cheval noir, et Marchand revenir l'œil tout plein encore des visions mystérieuses et troublantes d'une Afrique héroïque : cela suffit, peut-être, à donner la nostalgie d'un monde inaccessible d'énergies nationales encore vierges ; cela n'est pas créateur parce que cela n'impose pas à chacun une tâche positive, immédiate, urgente, ne trace pas le plan d'une bataille dont tous peuvent être les vainqueurs, conquête morale et intérieure, réfection profonde de la patrie, non par un chanceux et éphémère coup de force, mais par une lutte intérieure, par une profonde élaboration de l'avenir dans l'âme même de chaque citoyen.

Certes, je le sais, il y a encore très peu de républicains en France, de démocrates véritables. Et cependant, j'ai foi en la Démocratie, parce qu'elle m'apparaît comme le terme nécessaire. Il y a des questions qui, une fois posées, ne peuvent être résolues que dans un sens. Sans doute, il eût été peut-être plus aisé, moins difficile et douloureux de ne pas soulever le problème et de garder la monarchie comme au bon vieux temps ; on peut supposer que cela eût évité bien des folies et bien des crimes. Mais encore une fois, on a ouvert au cœur de quelques-uns des horizons que l'on ne peut plus fermer. Par impossible, le roi reviendrait, (et il est déjà revenu plus d'une fois au cours du siècle dernier), ce ne serait plus le roi comme autrefois. A supposer même que toute la France le regrettât, je ne suis pas tout à fait sûr que cela voulût dire qu'elle pût le reprendre. Certaines ruptures sont irréparables ; certaines fautes, — je parle le langage de mes adversaires, — ne peuvent pas être abolies en remettant tout en l'état antérieur. Elles exigent une autre rédemption : *Felix culpa qui valuit talem redemptorem !*

Ou bien donc, nous irons aux abîmes, ou bien nous ferons la Démocratie. L'âme de la République veut vivre entière en chaque citoyen. Le pouvoir sera d'autant plus robuste qu'il s'appuiera sur le consentement des plus purs, des plus forts, des plus conscients. Nous ne serons pas un peuple de sujets en révolte, mais de rois soumis librement aux lois que Dieu a écrites dans le monde et dans le cœur des hommes... Et nous pourrons faire tout cela parce que Dieu, en envoyant son Fils unique sur la terre a, non pas sans doute, brisé les empires, — le royaume du Messie n'est pas de ce monde, — mais apporté aux peuples des possibilités nouvelles et, en faisant descendre le royaume de Dieu au dedans de chacun de nous, donné une stabilité, naguère inconnue au pouvoir et à l'autorité et permis que la Démocratie pût être conçue, sans doute un jour aussi réalisée.

Et quand nous serons en République, nous recevrons les rois, non plus avec cet air de parents de province, gênés de se sentir gauches et humiliés, mais avec cette bonté affable et un peu protectrice du fils aîné qui reçoit son petit frère.

X

LES VOLEURS D'HISTOIRE

« Calomniez, calomniez, il en restera toujours quelque chose. »

On a trop répété dans les meetings, dans les réunions et dans les journaux anticléricaux, que l'Église avait toujours été l'ennemie de la Démocratie pour que l'opinion publique ne finisse pas par se laisser intimider et séduire.

Et cela d'autant plus aisément que de malheureuses circonstances font, depuis trente ans, dans notre pays, la majorité des catholiques esclaves d'un conservatisme étroit et assez inintelligent.

Aussi, lorsque nous exposons publiquement

les idées et le programme du *Sillon*, lorsque nous montrons qu'il y a, dans la foi chrétienne, une merveilleuse force démocratique, on n'essaie jamais de détruire directement notre argumentation : on se contente d'évoquer les souvenirs du passé et d'en appeler au témoignage de l'histoire.

Nous pourrions nous contenter de constater que nos contemporains n'ont, après tout, qu'à nous juger nous-mêmes, puisque c'est avec nous qu'ils ont à traiter. Les socialistes anticléricaux nous reprochent la Saint-Barthélemy et les Dragonnades, et ils oublient que ce sont sans doute leurs ancêtres comme les nôtres qui les ont faites, puisqu'alors il n'y avait pas plus de socialisme révolutionnaire que de *Sillon*.

Nous savons bien, certes, que les mœurs d'autrefois étaient souvent rudes et cruelles. Mais de quel droit reprocher à l'Église un état de choses qu'elle n'a pas créé, qu'elle s'est efforcée au contraire de transformer et d'améliorer? Le socialiste Fournière disait un jour que l'Inquisition n'est pas un crime de l'Église, mais imputable à la barbarie de la civilisation qui l'enfanta. Remarquons que ce qui nous choque dans l'Inquisition, c'est non pas l'existence d'un tribunal jugeant des délits commis contre la société (la société était alors à base religieuse, comme elle est aujourd'hui à base patriotique), mais l'organisation même de ce tribunal et toutes les horreurs dont ses sentences étaient entourées. Or cela justement se retrouve exactement dans les tribunaux civils de cette époque : bien mieux, le tribunal de l'Inquisition était plus doux et plus humain que les autres, puisque ce sont justement les hérétiques de la haute Italie qui ont réclamé son institution, dans l'espoir d'échapper plus aisément aux rigueurs du bras séculier.

La seule question qui se pose est la suivante : l'Église, à travers l'histoire, a-t-elle adouci et spiritualisé les mœurs ou au contraire accru leur barbarie ?

La réponse n'est pas douteuse, et tous les historiens, même les plus ennemis de la religion, constatent cette influence civilisatrice de l'Église. Tous la représentent comme l'éducatrice des barbares, la montrent opposant les limites d'un droit supérieur aux excès de l'arbitraire royal. Sans doute, ces savants anticléricaux entendent bien se passer aujourd'hui de l'Église, mais seulement parce que celle-ci, disent-ils, a fait son temps.

On objectera peut-être que les pures doctrines évangéliques ont été sans cesse défigurées et rendues méconnaissables, que les intérêts et les passions des hommes les ont bien vite étouffées. Certes, nous ne nions pas cette lutte perpétuelle et qui durera jusqu'à la fin des temps entre l'esprit du Christ et l'esprit du monde. Ici-bas, l'Église est militante, non triomphante. Ce qu'il importe seulement de retenir, c'est que, dans la mesure même où les hommes ont été vraiment chrétiens, ils ont dénoncé les injustices sociales, et, ce qui vaut mieux encore, essayé de les réparer, ils ont senti l'infinie valeur de chaque âme humaine et se sont élevés jusqu'à une compréhension toujours plus haute des droits sacrés de l'individu et en même temps des impérieuses exigences de la solidarité.

Les vrais chrétiens, ce ne sont pas certes toujours les rois très chrétiens, ni les évêques batailleurs de la féodalité, ni les papes de la Renaissance ; mais ce sont les Pères de l'Église dont les accents révolutionnaires effrayaient les monarques tremblants sur leur trône, les François d'Assise, les Vincent de Paul, et la foule de tous ceux qui, malgré les contradictions, les haines, les douleurs, la pauvreté et les humiliations, rayonnaient d'une joie divine, parce que l'Esprit-Saint vivait en eux et parce qu'ils poussaient le monde vers plus de Justice et plus d'Amour. Il faut juger l'Église non d'après ceux qui ont vécu en contradiction avec les doctrines qu'ils professaient parfois de bouche et non de cœur, mais d'après les exemples de ces immortels témoins de la foi, que l'Église elle-même a placés sur ses autels, comme pour illustrer ses divins enseignements.

Donc, soyons fiers de notre Église. A ceux qui invoquent contre nous l'histoire de ces trente dernières années, sachons opposer la *plus grande histoire*. A ceux qui disent que l'Église, qui a gouverné le monde pendant dix-neuf siècles, n'a rien fait pour la Démocratie, répondons d'abord que l'Église n'a jamais cessé d'être combattue par les passions et les égoïsmes humains, et que bien souvent elle était d'autant plus ensanglantée par les ennemis intérieurs qu'elle paraissait au dehors plus puissante et plus souveraine ; faisons remarquer ensuite que les doctrines païennes et que le positivisme athée et matérialiste détendent les ressorts internes de l'élan du monde vers la Démocratie et nous enlèvent même toute raison valable de désirer la Démocratie.

Non, certes, nous ne sommes pas à la remorque des révolutionnaires et nous n'essayons pas de présenter au peuple je ne sais quel socialisme chrétien, plus timide et moins inquiétant que l'autre. Notre Démocratie est tout aussi opposée à l'étatisme qu'au césarisme. Nos adversaires de droite comme de gauche n'ont pas confiance dans le peuple : nous, nous avons confiance en lui, parce que nous croyons en Dieu qui peut mettre sa puissance au service de notre faiblesse. Depuis que le Christ est mort sur la Croix pour le salut du monde, un élément nouveau intervient ici-bas dont il faut bien que les sociologues tiennent compte : des possibilités nouvelles de fraternité sociale s'ouvrent à ces hommes, nés à nouveau et comme sous d'autres cieux, dont parle l'apôtre.

Ne nous lassons donc jamais de répéter devant les plus prévenus et les plus hostiles comme devant la foule des indifférents de quel esprit nous sommes. Nous ne ferons œuvre utile et pénétrante que si notre intransigeance dans les idées n'a d'égale que notre charité pour les personnes.

XI

SOCIAUX ET DÉMOCRATES

Tout le monde est d'accord pour réclamer des réformes sociales. Le vieux libéralisme doctrinaire a fait son temps ; ses fidèles eux-mêmes n'osent le pousser jusqu'à ses ultimes conséquences : chaque jour leur arrache quelques nouvelles concessions.

Les *catholiques sociaux* se sont aperçus que la doctrine traditionnelle et séculaire de l'Eglise sur la propriété, sur le capital et le travail, sur les droits de l'individu et de la société, était admirable de sagesse et de hardiesse, de modération et de force. Ils ont compris que les philosophes ou les utopistes, que les sociologues de toutes les écoles n'avaient jamais rien trouvé d'aussi solide, d'aussi sûr, d'aussi opportun.

Donc, ils ont conçu le généreux dessein d'étudier les questions sociales irritantes à la lumière de l'enseignement catholique ; le grand Pape Léon XIII aida et consacra leur tentative en rappelant, par ses admirables encycliques, ce que l'Église n'avait jamais cessé d'affirmer, mais ce que trop de milieux catholiques, intéressés à oublier les éternelles doctrines, avaient déformé et faussé. On n'a pas suffisamment rendu justice aux efforts de l'école sociale catholique ; on a surtout trop méconnu que ses disciples furent des initiateurs et que MM. de Mun et de la Tour du Pin formulèrent, dans les travaux de l'Œuvre des cercles, tels projets de réformes dont devait s'honorer plus tard un ministre socialiste. Les générations nouvelles sont trop aisément ingrates et oublieuses : qu'elles y prennent bien garde, cette hâte puérile de courir en avant sans se rendre compte de la necessaire continuité de toute évolution sociale risque d'être une preuve d'impuissance ; tout effort vigoureux doit être solidement enraciné dans la tradition : cela seul lui permet de pouvoir s'épanouir hardiment dans les plus audacieux progrès.

Les catholiques sociaux, malgré leur compétence, leur désintéressement, leur intelligence et leur dévouement, ne tiennent pas dans notre pays la place qu'ils semblaient destinés à y occuper légitimement. Ils ne se sont pas imposés à l'attention du prolétariat français qui ne soupçonne même pas leur existence, ils n'ont pas créé en France un vigoureux mouvement d'opinion capable d'inquiéter les hostiles et d'entraîner les indifférents. Certes, ils ont des hommes éminents mais qui ont toujours agi individuellement, sans songer même à se concerter pour une action commune ; leurs réunions n'ont jamais été autre chose qu'un amical échange de vues, qu'une intéressante conversation entre gens bien informés, voyant juste, tourmentés par les mêmes préoccupations sociales.

Il serait ridicule, toutefois, de s'en étonner ; nul ne saurait avoir le droit de s'en scandaliser. C'est qu'en effet, les catholiques sociaux ne peuvent, en aucune façon, constituer un parti, pas même déterminer un mouvement d'opinion ;

ils sont, ils ne peuvent être qu'une école ; et encore cette école doit-elle conserver ce caractère d'universalité qu'elle emprunte à la catholicité de son enseignement. De même, la *démocratie chrétienne* que Léon XIII et, après lui, Pie X ont si énergiquement dépouillée de toute signification politique et même de toute particularité économique, se bornant à en faire l'action bienfaisante, c'est-à-dire utile et féconde, du catholicisme dans les milieux populaires, apparaît évidemment comme le trésor commun de tous dans lequel chaque peuple, chaque groupe ira puiser pour réaliser ensuite l'œuvre particulière qu'il aura conçue et qu'il marquera du cachet original de ses besoins, de ses aspirations, de son tempérament propre.

Réorganiser la société suivant le plan divin, respecter les saines et fortes doctrines traditionnelles de l'Eglise, briser l'individualisme malfaisant et développer l'esprit d'association, favoriser les syndicats, les mutualités, organiser les retraites ouvrières, réclamer le système de l'obligation, accepter une équitable et nécessaire intervention de l'Etat, tout cela, sans doute, est louable et excellent et les catholiques sociaux font aisément découler ces utiles revendications des enseignements sociaux de l'Eglise, encore qu'ils n'aient pas rigoureusement le droit d'imposer les déductions logiques de leur propre esprit au nom de l'obéissance que l'on doit à l'Eglise elle-même ; mais enfin tout catholique devra les suivre, à moins qu'il ne relève quelque faute dans leur raisonnement, et la discussion ne pourra sérieusement porter que sur la légitimité des déductions.

Tout autre nous semble devoir être l'attitude des *démocrates*. Dans leur pleine indépendance de citoyens, ils ont conçu la possibilité d'une organisation sociale qui tendrait à porter au maximum la conscience et la responsabilité civiques de chacun ; ils ont cru découvrir que l'évolution traditionnelle de la France nous entraînait dans le sens de la République démocratique ; ils ont résolu de travailler à l'œuvre entreprise avec toutes les forces dont ils disposaient et, tout d'abord, avec la plus solide et la plus nécessaire de toutes, indispensable force de solidarité et d'amour que le Christ a mise dans les cœurs.

Sans doute, les catholiques démocrates font

passer le catholicisme avant tout le reste et je
ne conçois pas bien que certains s'irritent et
osent prétendre qu'un bon catholique doit être
catholique tout court. C'est un peu trop court
pour nous ! Et justement Dieu ne nous a-t-il
pas mis sur la terre, nous créant libres et nous
donnant l'empire sur toutes choses, pour que
nous usions des droits et des prérogatives de la
liberté qu'il nous a conférée, pour que nous
accomplissions avec courage et confiance ce qui
est l'œuvre propre de l'homme, je veux dire
l'adaptation de l'éternelle Justice et de l'éternelle Vérité aux contingences multiples et
variées dans lesquelles nous nous mouvons et
nous agitons? Au reste, qui donc reprochera à
un catholique français d'aimer la France sous
prétexte qu'il lui suffit d'être catholique tout
court? Et cependant le patriotisme territorial,
avec les guerres et les luttes qu'il entretient ou
auxquelles il se résigne, brise bien davantage
encore l'unanimité des cœurs que les plus vives
ardeurs démocratiques toujours si universellement humaines.

Dès lors, les démocrates peuvent essayer un
mouvement d'opinion : ils ont assez d'ho-

mogénéité pour cela et ce que les catholiques sociaux ne pouvaient tenter, eux qui ouvrent indifféremment leurs rangs à des royalistes ou à des républicains, à des hommes de mentalités ou de tempéraments différents à la condition qu'ils s'entendent sur un programme social minimum, les démocrates auront le droit de l'essayer...

Et qu'on ne s'y trompe pas! Ce qui importe surtout, ce sont non pas tant peut-être encore les idées que les habitudes de l'esprit, la mentalité. Il y a longtemps que Fonsegrive parlait du *sens social* et le déclarait indispensable pour faire œuvre utile : certes, il avait raison.

Au reste, nous croyons fermement que si le catholicisme est appelé à devenir l'âme de la Démocratie future, il ne conquerra les masses que parce qu'il se trouvera des catholiques non pas résignés aux aspirations contemporaines mais ardemment passionnés pour elles et tels que nul n'aura l'audace de mettre en doute leur foi démocratique ni leur loyalisme républicain.

On dit souvent avec aigreur : « Mais nous pensons comme vos amis, nous acceptons, après tout, tout ce qu'ils acceptent... Il ne faut pas pourtant se laisser arrêter par des *questions de personne!* »

Et cependant, qu'on le veuille on non, il y a bien et il y aura toujours des *questions de personne*. Il s'agit de savoir, non seulement si l'œuvre entreprise est bonne, mais si ceux qui l'ont entreprise sont capables de la réaliser. Et ce ne sont pas toujours les meilleurs, les plus expérimentés, les plus savants, les plus illustres qui peuvent le plus : ce que les vieux sénateurs romains ou les habiles diplomates de Byzance convertis au christianisme n'ont pu faire pour l'Église, de grossiers barbares récemment baptisés ou même, jusqu'à la veille de leur mort, catéchumènes comme Clovis, sont aisément parvenus à l'accomplir. Ceux-ci étaient dans le grand courant social de leur siècle, ceux-là demeuraient en dehors : voilà tout.

Aussi bien, — et nous ne nous lasserons jamais de le répéter malgré les contradictions de plusieurs et la mauvaise volonté de certains qui refusent de comprendre, — s'il nous apparaît que l'œuvre de défense peut exiger le concours de tous, et si nos amis et nous, nous n'avons jamais refusé l'appoint de nos forces, si

18

faibles soient-elles, nous réclamons le droit d'être et de nous dire partout ardemment démocrates sans avoir toutefois la prétention injuste d'exiger de tous les catholiques de France pareille confiance dans les milieux populaires dont nous croyons que doit sortir l'élite nouvelle que ne peuvent fournir, de toute pièce, les vieilles classes dirigeantes, déchues de leurs droits, puisqu'elles se sont montrées inaptes à remplir leur devoir.

Et même, pourquoi ne pas le dire, nous nous figurons que cette attitude si nette et si loyale nous permettra, mieux que toute autre, de travailler à défendre le christianisme et à le propager partout, à consacrer tout ce que nous avons de force à l'œuvre qui domine toutes les autres de sa divine hauteur et pour laquelle les catholiques, alors même qu'ils travaillent dans des camps opposés, doivent se retrouver unis, à l'œuvre sainte du Règne de Dieu que nous devons essayer de faire arriver sur la terre... « Que votre volonté soit faite sur la terre comme au ciel. »

XII

MALGRÉ LA NATURE

De Bastia, en Corse.

La Corse m'intimide. Les hommes n'y sont pas parvenus à mutiler l'œuvre primitive de Dieu : les montagnes puissantes, la mer infinie, la nature qui sans révolte obéit à sa loi y laissent à peine quelque place à des habitants ignorants de nos querelles vaines et qu'un instinct profond, qui paraît échapper à tout raisonnement, fait vivre et semble pousser vers des destins inéluctables.

En face des révolutionnaires, rêveurs candides ou scolastiques sectaires qui raisonnent faux, ou bien encore en face des intellectuels qu'enivre le puéril orgueil d'une science ténue, je me sens délicieusement sûr de moi, confortablement installé dans une doctrine d'où je sais bien qu'ils ne pourront pas me déloger, fort d'une méthode qui les prendra comme un filet des mailles duquel ils ne pourront pas sortir... Mais parler de République et de Démocratie, de syndicats et de coopératives à deux pas du maquis, alors que les senteurs du ciste amer vous montent encore à la tête, et tandis que les Corses petits au corps noueux et au cœur fier semblent plutôt faire partie des rochers et des bois de leur île impénétrable que de la pauvre patrie douloureuse dont les enfants misérables étouffent faute d'air et d'idéal sous l'oppression méchante des faubourgs énigmatiques,... comment en avoir le courage ! N'est-ce pas comme une profanation d'apporter ici l'écho de batailles étrangères, l'appel de besoins inutiles et inconnus, la vision vaine et pas même troublante d'une révolte que nul n'attend ?...

Si nous n'avions pas la foi, si nous ne « croyions pas à l'Amour », si nous ne savions que les montagnes, ni les bois, ni la mer, ni le ciel, ni les bêtes dociles à leur roi, ni les étoiles qui suivent leur route souverainement, ni l'immense et harmonieuse poussée des instincts triomphants, si nous ne savions que rien ne vaut une seule pensée consciente, un seul effort libre d'un pauvre amour qui se donne, nous n'aurions pas le courage de profaner cette sérénité. Timide et vaincu, sans un mot, et détournant nos yeux d'un éclat étranger, nous irions retrouver la douleur familière de nos cités en deuil.

Non, je ne veux pas que la Corse belle et sauvage dont la puissance m'écrase arrête l'élan de mon âme immortelle : quelque misérables que soient les querelles où s'use l'activité, où s'exaspère la fièvre de nos contemporains, je ne veux pas craindre d'en apporter l'angoisse dans l'immobilité de l'indifférente et sereine nature. La Vérité qu'à tâtons nous cherchons et dont chaque jour nous défendons les lambeaux conquis contre la malice et la fourberie des méchants ou des lâches, elle est universelle, tous y ont droit. Ne nous arrêtons pas avec un trop jaloux attachement aux formes politiques et sociales qu'elle peut revêtir, efforçons-nous toujours, à travers les multiples conditions qui la soutiennent, de pousser en avant l'idée rédemptrice, l'idée d'amour et de fraternité vers la lumière qui l'attire, vers Dieu.

XIII

CONSEILS A DES VAINQUEURS

De Tunis.

Sans résistance, il y a quelques années, Tunis se laissait conquérir par la France... Mais, hélas! si le drapeau français flotte sur la kasbah, si le bey ne peut pas prendre un seul décret qui ne soit contresigné de notre résident, si nos fonctionnaires dominent en maîtres sur le pays, combien peu, hélas! l'âme française a-t-elle encore pénétré sa conquête!

Sur 180.000 habitants qui peuplent Tunis, nous ne sommes que 15.000 Français. Il y a près du double d'Italiens, 50.000 Juifs et 100.000 Arabes environ.

Au moins, devrions-nous être le levain spirituel et généreux qui fait fermenter toute la pâte... Non. Le Français, en Tunisie, n'est que le vainqueur, le professeur de la conquête. Il n'est pas le guide, l'ami, celui qui conseille et qui élève, qui se dévoue et qui aime.

Tandis que nous nous promenions à travers les rues éclatantes de Tunis la blanche, et que nous contemplions avec curiosité cette foule d'Arabes, graves et doux sous leurs larges vêtements flottants, tandis que nous les voyions marcher avec majesté ou travailler sans bruit dans les petites boutiques ouvertes des « souks », le grand et douloureux problème de l'Islamisme se posait à notre esprit, s'emparait de lui et l'obsédait.

Il y a quelque chose d'étrange et de fatal dans ce monde musulman qui apparaît inassimilable, impénétrable, figé dans l'immobilité de son fanatisme religieux, de son invraisemblable cléricalisme, car ici la politique, les mœurs, la religion sont si indissolublement unies qu'il est considéré comme criminel de les distinguer. Le tyrannique traditionalisme demeure aussi immuable que les forces mêmes de la nature contre lesquelles ni souhaits ni menaces ne peuvent rien.

L'énergie dominatrice du cardinal Lavigerie lui-même devait se trouver impuissante à convertir les Arabes musulmans; et le glorieux primat d'Afrique était contraint de détourner plus loin l'activité de ses Pères blancs et de pousser l'apostolat des intrépides missionnaires jusqu'au centre même de l'Afrique où les nègres païens se montraient moins rebelles à la prédication de l'Evangile.

Le jeune Arabe instruit, qui a fréquenté nos écoles, qui est licencié ou docteur, n'en garde pas moins je ne sais quel attachement irréductible aux traditions de sa race, quelle haine inconsciente du *roumi*. Alors même qu'il est habillé à l'européenne, il conserve toujours la *chéchia* qui est pour lui comme un emblème et un symbole.

Eh bien! que le Français ne soit pas aimé en Tunisie, qu'il se résigne à n'avoir jamais de contact profond et cordial avec les indigènes, c'est ce que, quant à nous, nous nous refuserons toujours à accepter comme un mal nécessaire!

En France aussi, depuis que le *Sillon* existe, on nous a si souvent répété que nous étions des naïfs et des fous, parce que nous nous révoltions contre d'inévitables antipathies, contre des haines fatales. C'est vrai, nous avons l'audace de croire à la liberté humaine et de prétendre qu'il y a des sentiments de justice, de bonté, de douceur et de reconnaissance dont toute âme humaine peut jouir et se nourrir.

Puisse le *Sillon tunisien* servir, pour son humble part, à faire tomber des haines, à rapprocher des races, à créer une collaboration véritable, sympathique et cordiale ! c'est là son rôle.

Et que ceux qui déjà sourient ou s'effraient, et n'ont rien de plus pressé que de tenter de nous décourager et de tuer notre rêve, ne se figurent pas que souhaiter ce que nous souhaitons, c'est ne pas faire assez de cas des intérêts de la France, et exposer la petite poignée de Français tunisiens à être submergés et écrasés par les flots des indigènes ou des étrangers.

Une telle minorité ne saurait, en effet, être forte, que si elle est lumineuse et bienfaisante, que si elle travaille non pour elle seulement et pour s'enrichir, mais pour le bien commun et pour le bonheur de ceux que Dieu a fait naître sur ce morceau du monde.

Conquérir par la force et maintenir dans l'obéissance par la peur des fusils, c'est là une œuvre indigne de la République démocratique. Si chacune de ses conquêtes n'est pas, en même temps, une conquête morale, elle trahit la cause qu'elle représente et ment à ses principes.

Les Français de Tunisie ont une grave et profonde responsabilité. Si la tâche est ardue au point de sembler impossible à plusieurs, ils n'en ont qu'un devoir plus grand de travailler sur eux-mêmes et d'acquérir les vertus qui brisent les obstacles.

La France ne doit pas être gardée dans le monde par la terreur des soldats et des canons, mais par l'amour et la reconnaissance qu'auront inspirés ses bienfaits.

XIV

CE QUI UNIT LES HOMMES

Il y a une quinzaine d'années, une brise joyeuse éveillait partout de fraîches espérances. Le cardinal Lavigerie célébrait à Alger l'union de tous les Français sur le terrain républicain; le président du conseil vantait à la tribune du Parlement les douceurs de l'esprit nouveau; Melchior de Vogüé chantait un hymne aux progrès humains que faisait éclater l'Exposition universelle et appelait, de toute l'ardeur mystique de son désir, l'âme chrétienne qui manquait encore à la naissante Démocratie; Paul Desjardins écrivait de retentissantes Epîtres et songeait à grouper toutes les bonnes volontés pour l'accomplissement du *Devoir présent*. Dans le quartier Latin, dans les cénacles littéraires, au pays des intellectuels, partout on ne parlait que de néo-christianisme : Zola se scandalisait de cette éclosion inattendue de lys. On se croyait à la veille d'une grande réconciliation morale. La blanche figure de Léon XIII semblait rayonner dans une aurore : le Pape du ralliement et de la Démocratie chrétienne étonnait les sceptiques, inquiétait les hésitants.

On sait, hélas! ce qu'il advint de tant de jeunes et douces espérances. Le Ralliement fut combattu par certains, hypocritement interprété par plusieurs, incompris par la plupart. Toutes les forces de réaction se liguèrent pour écraser la Démocratie chrétienne. Les néo-catholiques qui avaient, un court instant, oublié les laideurs de leur vulgaire anticléricalisme ou les grossièretés de leur *art naturiste* retournèrent à leurs vomissements ; d'autres, plus avisés, se doutèrent que l'esprit nouveau avait vécu et, las d'attendre en compagnie de M. de Vogüé le lever d'une aube dont ils avaient cru distinguer les premières lueurs à l'horizon, mendièrent des sous-préfectures et se laissèrent consoler par les mille aumônes du pouvoir, glissant avec lui sur la pente facile d'un inintelligent sectarisme.

Quelques-uns même tombèrent très bas. Les Charbonnel et les Henry Bérenger sont des épaves du néo-christianisme.

Le recul des années permet de mieux juger ce mouvement qui passionnait notre adolescence et poussait vers l'avenir nos premiers rêves de collégiens impatients de liberté et d'apostolat social. Nous comprenons maintenant ce qui lui manquait de force vraie et de sûre profondeur et comment il devait tôt ou tard être brisé par les intérêts coalisés, absorbé par les apathies et les dégoûts quotidiens.

« La vérité scientifique, les doctrines philosophiques sont impuissantes socialement. Elles ne relient point les hommes », écrivait récemment Deherme avec sa franchise accoutumée dans la *Coopération des idées*. De même, une vague bonne volonté, un respect commun de la dignité de l'art, des émotions poétiques partagées, un sens averti des traditions nationales n'y suffisent pas davantage. Tout cela, malgré tout et quoi qu'on en dise, est encore

extérieur et superficiel. Cela ne pénètre pas
l'âme humaine jusqu'au fond. Cela n'atteint
pas ces intimes profondeurs où la personnalité
s'élabore vraiment, où la volonté décide en
souveraine. Pour faire œuvre durable, il faut
descendre jusque-là. Les néo-catholiques ne
l'osèrent ou ne le purent pas; plus exactement
peut-être, ils n'en eurent même pas l'idée,
habitués qu'ils étaient à se contenter de la vie
factice et fausse des intellectuels.

Aussi bien, préférons-nous, aux doux et
caressants espoirs d'il y a quinze ans, la lutte
brutale d'aujourd'hui. Les persécutions ont
brisé la méchante écorce de beaucoup d'indifférences. De plus en plus le problème religieux
se pose dans toute sa crudité. Le Christ apparaît bien cet objet de contradiction et de scandale que les Ecritures nous ont prédit qu'il
serait jusqu'à la fin des temps.

... Et nous avons compris ce qui peut unir
les hommes; et nous savons que c'est l'Amour,
non pas ce sentiment abstrait et froid que définissent les philosophes et qu'essayent d'atteindre les sociologues, mais l'Amour vivant
qui se communique à chacun de nous, qui

s'empare de nos cœurs, qui s'unit à notre chair et à notre sang par le plus divin des mystères, l'Amour qui ravissait en extase Thérèse d'Avila et perçait de sanglants stigmates François d'Assise, l'Amour qui est Dieu, le Christ enfin !

Et qu'on ne dise pas qu'une propagande populaire ne peut pas sortir de l'Amour ; qu'il faut quelque chose de plus matériel et de plus grossier. L'histoire du *Sillon* donne un victorieux démenti à ces timidités et prouve surabondamment l'excellence de la méthode. « ... Et nous, nous avons cru à l'Amour. » (S. Jean, 1, 4.)

Partout, jusqu'aux fonds les plus reculés de nos provinces, nos amis montrent la force des méthodes du *Sillon*, écrasent les stupides équivoques que l'anticléricalisme a élevées entre nous et le prolétariat, contraignant les contradicteurs à rendre hommage à leur loyauté, leur présentent un catholicisme qui est le vrai, mais qui ressemble si peu aux caricatures qu'on en offre dans les milieux libres-penseurs, qu'on les accuse d'apporter une religion nouvelle, pénètrent dans les organisations ouvrières pour les affranchir du joug des politiciens, réveillent dans les milieux même les plus indifférents des sympathies insoupçonnées et des ardeurs toutes neuves, commencent enfin à développer ce véritable esprit démocratique fait de conscience et de responsabilité.

Une race neuve vient de naître. Ses espoirs ne s'en iront pas comme les rêves des néo-chrétiens qu'un souffle dispersa. Ils ont des racines profondes. Nul vent ne les renversera. Ils seront la réalité de demain.

XV

UNE VERTU SOCIALE :
LA MORTIFICATION

Il paraît que la mortification chrétienne est un scandale pour nos anticléricaux. Ils nous le répètent dans les réunions publiques où nous discutons avec eux, et c'est un curieux et triste spectacle que leur acharnement à réclamer le droit de satisfaire tous leurs besoins, de suivre, jusqu'au bout, tous leurs instincts.

— L'Église, clament-ils avec des gestes effarés, a une doctrine de mort. Elle prêche le renoncement et le sacrifice. Nous, nous avons une doctrine de vie ; nous voulons l'épanouissement de toutes les puissances humaines : c'est un crime de mortifier le corps qui a autant de droits que l'intelligence et la pensée.

Ce raisonnement nous semble si pitoyable que nous n'aurions pas perdu notre temps à le répéter ici, si nous n'avions jugé curieux et utile de faire éclater les amusantes inconséquences de nos adversaires et de bien prouver que, même en se plaçant sur leur propre terrain et en acceptant leur propre état d'esprit, rien n'est plus injustifié que les accusations qu'ils portent contre la morale catholique.

Nos contradicteurs sont ceux-là mêmes qui se targuent d'être des libres-penseurs et qui reprochent à tous ceux qui les contredisent de ne pas respecter la raison humaine, de ne pas accepter docilement ce que la Science enseigne. Or, justement, tout travail intellectuel, tout effort de la pensée exige impérieusement une mortification.

Qu'est-ce donc qui distingue l'homme de l'animal? C'est ce pouvoir, qui lui est propre, de discerner, de choisir, de prévoir, d'ordonner ses actions en vue d'une fin qu'il détermine à l'avance. Or, qui dit « choix », dit nécessairement sacrifice de ce qui est inférieur à ce qui est supérieur ou, si l'on veut, de ce qui est moins bon, moins utile, à ce qui est meilleur et plus opportun.

Je le sais, nos adversaires affirment que l'homme n'est qu'un animal perfectionné. Mais, justement, comment, selon eux, l'animal se sera-t-il perfectionné jusqu'à devenir un homme sinon en développant, par l'effort atavique de bien des générations, son cerveau pensant au détriment d'autres sens inférieurs qui, de la sorte, auront été sacrifiés en vue du perfectionnement même de l'espèce? Les bons chiens de chasse sont d'une race qui, par éducation et sélection, a développé son flair jusqu'à lui donner l'acuité que nous savons. L'homme a développé son cerveau et, comme l'histoire naturelle nous apprend qu'une certaine spécialisation est la loi nécessaire de tout développement, l'animal ne serait devenu un homme qu'en suivant, lui aussi, la loi commune du sacrifice.

Il serait bon, toutefois, que nos adversaires prissent au moins la peine d'accorder leurs doctrines entre elles, à moins que cet effort de logique ne leur apparaisse comme un sacrifice que nous n'avons pas le droit d'exiger d'eux.

D'ailleurs, il n'est pas jusqu'à leur idole sacro-sainte, jusqu'à la Science moderne elle-même, qui ne doive ses admirables progrès contemporains à une véritable mortification intellectuelle.

On sait, en effet, que la vieille science d'autrefois, celle des astrologues et des alchimistes, était très ambitieuse : elle aussi ne pouvait se résoudre à ne pas satisfaire tous les besoins humains. Elle était, à la fois, une morale, une métaphysique, une religion. Elle entendait avoir réponse à tout. Ce n'est que du jour où le savant a courageusement renoncé à chercher le *pourquoi* des choses pour se borner à en étudier le *comment* que la science moderne a vraiment commencé à utilement progresser. Dans la mesure même où elle s'est dépouillée et appauvrie de toutes spéculations étrangères, elle est devenue féconde et conquérante. Aujourd'hui elle est bien vraiment mortifiée ; elle n'essaye même plus de saisir le réel mais se contente, traduisant toute donnée qualitative en donnée quantitative, de fournir une sorte de représentation intellectuelle des phénomènes dont la réalité intime lui échappe, mais qui lui suffira, si incomplète soit-elle, à déterminer des lois, c'est-à-dire, à ses yeux, de simples concomitances.

En vérité, nos contradicteurs sont, pour nous, toujours, de merveilleux auxiliaires, et c'est dans leurs propres conceptions que nous trouvons de quoi réfuter ces conceptions mêmes. Lorsque nous discutons avec eux, il nous suffit d'aller jusqu'au bout de leur pensée pour que celle-ci s'abîme et se détruise, impuissante à se soutenir elle-même jusqu'au bout. Aussi s'arrêtent-ils souvent en route comme étourdis et scandalisés. Un jour, justement, comme j'essayais dans une réunion publique, en province, de montrer à un contradicteur que la science moderne, ainsi dépouillée, ne pouvait pas même essayer d'entrer en lutte avec la foi, n'ayant plus aucun point de contact avec elle :

— Vous voulez nous étonner parce que vous avez été à l'École polytechnique, clama, sublime, un gros instituteur. Notre Science à nous n'est pas celle de Polytechnique ; elle est bien plus démocratique.

Vraiment, l'honorable fonctionnaire était, ce jour-là, cruel pour la Démocratie. Cette cruauté est, du reste, de toute façon, une habitude dans les hautes et basses sphères gouvernementales.

Qu'on le veuille ou non, la mortification reste la grande loi de toute vie intellectuelle. L'art comme la science l'exigent. Si l'artiste ne renonce à ce qu'il y a de trop égoïste et borné chez la plupart des hommes, éternellement impuissants à sortir d'eux-mêmes et à être vraiment émus des sentiments des autres, il demeurera toujours inapte à rien créer. Il ne sera vraiment créateur que le jour où il aura ouvert son cœur et abandonné son âme au grand flot de la vie largement humaine de son siècle, cessant d'être un individu égoïste et fermé pour devenir l'expression d'une âme collective et comme la voix de tout un peuple.

Au reste, la vie même que s'impose le savant reclus dans son laboratoire ou le poète épuisé par toutes les émotions qu'il recueille sur sa route et dont il alimente son génie, est une vie de fatigues, d'austère labeur et de lassantes émotions dont l'intensité s'accroît des immolations et des sacrifices mêmes qu'elle nécessite : les anticléricaux le reconnaissent aisément lorsqu'il s'agit de leurs prophètes, de leurs héros. Ils le nient lorsque nous évoquons devant eux les grandes et sublimes figures de nos saints en qui la vie fut intense et d'une force débordante. Que leur reprochent-ils ? D'avoir cru au Christ et à l'Église. La haine du catholicisme les condamne à l'illogisme.

Quant à nous, nous ne nous lasserons pas de prêcher à ces curieux libres-penseurs le respect de la véritable pensée libre qui, elle aussi, ne mérite ce beau nom de « libre » que si elle est assez mortifiée pour se dégager de l'asservissement mauvais des passions brutales et pour accepter de suivre harmonieusement sa voie et de se soumettre à la vérité avec reconnaissance et amour.

Plus nous entrons en contact avec nos adversaires religieux, plus nous nous sentons fiers de la beauté, de la sécurité de notre doctrine catholique et mieux nous comprenons que nulle autre n'est si forte, si pleine, tellement compréhensive que toute pensée humaine clarifiée et poussée jusqu'au bout tend à remonter jusqu'au Christ comme ces vapeurs qui, dégagées des épais marécages, s'élèvent d'elles-mêmes vers le soleil qui les aspire.

Comment, dès lors, n'aurions-nous pas confiance ? Comment le corps-à-corps des idées nous effraierait-il, si nous savons que Dieu arma notre faiblesse de sa force divine et toute-puissante ?

FIN

TABLE DES MATIÈRES

Avant-propos v

PREMIÈRE PARTIE
La Révolution sociale.

I. Les pauvres 3
II. Les patrons 11
III. Le matérialisme impuissant 17
IV. Les victoires qui tuent 24
V. Timidité révolutionnaire 38
VI. Le règne de la peur 43
VII. Les meneurs 53
VIII. Le syndicalisme conservateur 59
IX. Au-delà du socialisme 67
X. L'avenir des syndicats ouvriers 73
XI. Le travail social 85

DEUXIÈME PARTIE
La Guerre religieuse.

I. Une question posée 91
II. Après la rupture 101
III. L'Eglise libre 109
IV. La revanche de l'Eglise 115
V. Résurrection 122

TABLE DES MATIÈRES

VI. Que va faire le clergé de France? 128
VII. Le Pape 135
VIII. Faut-il faire un parti catholique?. 141

TROISIÈME PARTIE
Dans la bataille des idées.

I. La leçon d'une défaite 167
II. L'exemple de l'étranger 192
III. « Ceux d'Argelliers ». 198
IV. En lisant Gorki 209
V. A la conquête de l'armée. 215
VI. Une idole 223
VII. Le duel 235
VIII. République et Diplomatie 243
IX. Le Roi. 254
X. Les voleurs d'histoire. 259
XI. Sociaux et démocrates 266
XII. Malgré la nature. 275
XIII. Conseils à des vainqueurs 279
XIV. Ce qui unit les hommes 284
XV. Une vertu sociale: la mortification 290

ÉMILE COLIN ET Cⁱᵉ — IMPRIMERIE DE LAGNY

LIBRAIRIE ACADÉMIQUE PERRIN ET Cie

BRÉMOND (Henri). — **L'Inquiétude religieuse.** Aubes et lendemains de conversion. (*Ouvrage couronné par l'Académie française.*) 1 vol. in-16... 3 50
— **Ames religieuses.** — Un Saint anglican : John Keble. — La vie religieuse d'un Bourgeois de Reims au XVe siècle. — La Vocation du P. de Broglie, etc. 1 volume in-16................................. 3 50

BRUNETIÈRE (Ferdinand), de l'Académie française. — **Sur les chemins de la croyance.** L'utilisation du Positivisme. 6e éd. 1 vol. in-16. 3 50
— **Discours de combat** (1re série). La renaissance de l'idéalisme. — L'art et la morale. — L'idée de Patrie. — Les ennemis de l'âme française. — La nation et l'armée. — Le génie latin. — Le besoin de croire. 12e édit. 1 volume in-16... 3 50
— **Discours de combat** (Nouvelle série). Les Raisons actuelles de croire. L'Idée de Solidarité. — L'Action catholique. — L'Œuvre de Calvin. — Les Motifs d'espérer. — L'Œuvre critique de Taine. — Le Progrès religieux. 9e édition. 1 volume in-16.. 3 50
— **Discours académiques.** 2e édition. 1 volume in-16......... 3 50
— **Cinq lettres sur Ernest Renan.** 4e édit. 1 brochure in-16. 1 »

ELBÉ (Louis). — **La Vie future** devant la Sagesse antique et la Science moderne. 1 volume in-16.. 3 50

GOYAU (Georges). — **Autour du Catholicisme social** (1re série) : Néo-catholiques, solidaristes, catholiques sociaux. — Le cardinal Manning. — Le comte de Mun, etc. 4e éd. revue. 1 v. in-16................ 3 50
— **Autour du Catholicisme social** (2me série) : La démocratie chrétienne. — Le Monastère au Moyen âge. — Figurines franciscaines. — Léon Ollé-Laprune. — Charles Lecour-Grandmaison, etc. 2e éd. 1 v. in-16. 3 50
— **L'Idée de Patrie et l'Humanitarisme.** Essai d'histoire française, 1866-1901. 4e édition. 1 volume in-16..................... 3 50
— **L'Allemagne Religieuse.** Le Protestantisme. (*Ouvrage couronné par l'Académie française.*) 5e édition. 1 volume in-16.................. 3 50
— **L'Allemagne Religieuse.** Le Catholicisme, 1800-1845. 2e édition. 2 volumes in-16.. 7 »
— **Lendemains d'Unité.** Rome, Royaume de Naples. 1 vol. in-16. 3 50
— **L'École d'aujourd'hui** (1re série). Les origines religieuses de l'École laïque. — L'École et la Morale. — La Politique à l'école. 3e éd. 1 v. in-16. 3 50
— **L'École d'aujourd'hui** (2e série). Le péril primaire. — L'École et la Patrie. — L'École et Dieu. 1 volume in-16............................ 3 50
— *Les nations apôtres.* **Vieille France, jeune Allemagne.** 3e éd. 1 volume in-16.. 3 50

HELLO (Ernest). — **L'Homme.** La vie, la science, l'art. Ouvrage précédé d'une introduction par M. Henri Lasserre. 8e édition. 1 vol. in-16.. 3 50
— **Le Siècle**, les hommes et les idées. 4e édition. 1 volume in-16... 3 50
— **Physionomies de Saints.** 1 volume in-16...................... 3 50
— **Philosophie et Athéisme.** Nouvelle édition. 1 volume in-16. 3 50

LAMY (Étienne) de l'Académie française. — **La Femme de demain.** 5e édition. 1 volume in-16... 3 50

OLLÉ-LAPRUNE (Léon). — **La Vitalité chrétienne.** Préface de Georges Goyau. 6e édition. 1 volume in-16..................... 3 50
— **La Raison et le Rationalisme.** Préface de Victor Delbos, maître de Conférences à la Sorbonne. 1 volume in-16......................... 3 50
— **Étienne Vacherot** (1809-1897). 2e édition. 1 volume in-16..... 3 50
— **Théodore Jouffroy.** 1 volume in-16, avec un portrait......... 3 50

SERTILLANGES (A.-D.). — **Les sources de la Croyance en Dieu.** 2e édition. 1 volume in-16.. 3 50

VORAGINE (le bienheureux Jacques de). — **La Légende dorée**, traduite du latin d'après les plus anciens manuscrits, avec une introduction, des notes et un index alphabétique, par Teodor de Wyzewa. (*Ouvrage couronné par l'Académie française.*) 4e mille. 1 vol. in-8 écu de 750 p., br. 5 »

WIRTH (J.). — **Mgr Colmar**, évêque de Mayence (1760-1818). 1 v. in-16. 3 50

www.ingramcontent.com/pod-product-compliance
Lightning Source LLC
Chambersburg PA
CBHW071509160426
43196CB00010B/1468